1970
四二四刺蔣案內情
再公開

府城石舂臼人　陳榮成 合著

前衛出版
AVANGUARD

本書獻給

鄭兒玉 牧師 、 黃彰輝 牧師

1922.6.27～2014.12.11　　　　　1914.8.20～1988.10.28

阿才仔!!!「不利證詞」，咁無影？

府城石春臼人

　　我是陳吳富美，從 1970 年就一直住在路易安那州，我是臺南市府城人，阮頭家是朴仔腳人，當我開始投稿時，他建議我用朴仔腳人當筆名，所以讀者們在《臺灣公論報》（已絕版）或《太平洋時報》看到筆名叫朴仔腳人的就是我。 2015 年我的筆名正式改爲府城石春臼人，因爲 1961 年我到臺北念臺大以前是住在臺南市永福路，石春臼在赤崁樓旁邊，我念成功國民學校時，常爬牆到赤崁樓內遊玩，對於裡面的古物覺得很神奇。放學後，赤崁樓旁邊的康樂臺是我們捉迷藏的好地方，晚間民族路會擺滿小攤子，家兄和我常去聽賣膏藥人唱歌，有一次家兄很勇敢的讓人家替他點痣，嚇得我差一點暈倒。

　　石春臼的小吃店更是我常訪問的地方，阿嬤會要我帶回虱目魚丸湯、荼粽、炒鱔魚、肉燥飯、蚵仔煎等煮好的東西回家，因爲她纏腳，走路不方便。家兄和我最喜歡看歐巴桑炒鱔魚時，整個炒鍋火焰高升。

　　我於2011年11月出版《銅屋雜集》，又於2017年

出版《關懷雜集》，算是完成心所願的大事，已心滿意足，決定不再繼續寫作，聲明寫中文的生涯結束。

好友吳滄洲於今（2018）年一月十三日參加鄭自才的新書發表會，伊媚兒告知我，阮頭家當場被指控為背叛者，他說他會寄該書給我們。

鄭自才非常自傲伊的《刺蔣：鄭自才回憶錄》巨作是他對歷史的交代，在張文隆的口述訪問、資料研讀、組織整理、史實重建……花費了三年，終於在 2017 年底問世。它應該是很嚴謹的著作，它的真實性應該是百分之百，上無直欲（幾乎要）90% 的準確度，才能給予該書讀者正確的歷史觀及信賴感。

阮頭家本來邀請陳銘城先生和他合寫《我所知的四二四事件內情》的補充。陳銘城先生的伊媚兒回覆：「當年鄭自才對 424 的看法很堅持，我不想插手我不真正清楚的歷史事件的爭議。」

阮頭家看我櫻櫻無代誌，而且我把 939 頁的 The People V. Tuz-Tsai Cheng（紐約州民控訴鄭自才）的法院證詞從第一頁看到最後一頁，可能比陳銘城先生較清楚這歷史事件，也不遜於正港的歷史學家張正隆先生，張先生可能要將史實重建到鄭自才滿意的境地才行。至於鄭自才及張文隆是否該被歸類為偽造歷史事實的無知嫌疑犯，請讀者當陪審團的團員去審判之 !!! 本書我寫的部分，大部分的「伊」是指鄭自才，「他」或「阮頭家」是指陳榮成。

阮頭家和我於 2018 年 2 月 16 日飛往波士頓的

家，本來沒想帶鄭自才的巨作去讀，但阮頭家一直靠北（哭爸）鄭自才不依據客觀實際情況，祇憑伊家治瞞爸騙母、妄下斷語，我祇好去看伊的巨作，才窺視到鄭自才用三年時間去主觀臆斷的成就。本來無事一身輕，但讀了伊的書，我祇好提筆補充一下伊隱瞞的事實，如伊說不知道黃文雄的手槍是有登記的，也埋怨聯盟為什麼給伊有登記的手槍。阮頭家繳手槍給伊時，已向伊說那兩枝槍是有登記的，伊反而咬阮頭家一口說，為什麼他沒買黑槍？因阮頭家嗜愛搜集槍枝，也特別請我們住處這裡有名的木匠替他特製放槍的櫃子，四枝槍放櫃子內非常壯觀，槍都是有登記的，目的是買來做射擊練習，最近想搬家才忍痛放棄，所以替聯盟買槍這件事才會落到阮頭家頭上。

伊的書，自稱要向歷史做個交代，當然伊不希望家治從英雄變為「棄保逃亡」的角色，在伊的巨作第244頁，伊評論：「陳榮成從頭到尾都在自圓其說，唯一可以證明我有罪的就是他交給我的那把槍，如此而已，其他都是不重要的。」按照伊的論點，阮頭家把槍送給任何一個人，那個人就有罪!!!

伊擅長斷章取義、歪曲事實，譬如伊的書裡附件三是對伊有利的，但書裡卻沒有提到，伊在第18派出所說了一大堆不利己的話。而且伊說久了，竟讓很多人接受伊的說法，伊用的手段就是「假久了就變成真」，為了將真相公開我祇好在〈1. 世界最貴的三明治──1970年9萬美元的保釋金〉裡略微說明。

　　事實可分為假象的事實和真相的事實。本書分二部分，第一部分是我對真相的事實求證心得，希望我的野人獻曝能提供讀者一點兒參考。第二部分是阮頭家對他的書《我所知的四二四事件內情》的補充，還有像黃彰輝牧師是阮頭家所崇拜的人物，他們曾為FAPA遊說美國各地兩星期，這件事也寫於書內。阮頭家說他的證詞裡，讀者沒辦法找到他說鄭自才有謀殺企圖（attempted murder），甚至鄭自才也從沒提到阮頭家說伊有意圖殺人。至於副檢察官法利斯（Stephen J. Fallis）是如何在事發當天就判斷鄭自才有意圖殺人，是根據警探Ziede之證詞，Ziede之證詞的內容，主要是4月24日他和鄭自才及黃文雄在派出所的談話（紐約州民證物#20，四張鄭自才的口供），它才是鄭自才最大的致命傷，使伊無脫身的餘地。不知是伊智障或不懂美國法律（Miranda Rule，伊可拒絕任何談話，直到律師在場），伊在派出所把美金九萬元的三明治、一杯咖啡吞下肚後就信口開河，正港臺灣話「黑白講」，後來伊才恍然大悟，停止談話，要求請律師。律師下午六時到達時大勢已去，伊和警探Ziede的二十分鐘談話已被記錄，為掩蓋這事實，伊在伊的巨作第208頁，特別聲明伊沒有智障，伊不可能家治向警方承認伊的計劃。當然伊要找藉口，於是伊口口聲聲說：「陳榮成的證詞，讓我無脫身的餘地。」（伊的巨作第240頁）

　　阿才仔！你家治用歹聲嗽的變步，讓阮頭家成為

你的代罪羔羊，可能很多不是內行的邊仔人都相信你，你抹黑阮頭家是十分成功。你還敢寫：「直到如今，他還不願承認自己所犯的錯誤，硬拗到底，這就令人感到憤怒與悲嘆！」阿才仔！在你一夫所指之下，阮頭家背上了背叛同志的罪名超過半世紀，你家治著愛會心一（或二）笑。

本書很多章節，讀者可各取所愛，自才對阮頭家可說是假象的事實評論，大家見仁見智，這無頭公案請讀者自己評估。

最後要感謝吳建信送我蒙恬中文手寫輸入系統，他和他的太太美里常向我開玩笑說，因為他們的贈送，產生了一位作家，但我認為我仍未登堂入室。

準備出版的過程中，吳建信也於百忙當中抽空擔負起校對的工作，前衛出版社林文欽社長不厭其煩對編排、封面設計等惠予幫忙與指教。還要感謝吳滄洲夫婦從 1979 年開始的幫忙，當時他們替大銅器批發商由臺灣每星期出口很多貨櫃，他們也不嫌貧愛富，替我家出口三千美金的銅器，使我家首先開設零售商店，後來轉入批發。這些年來，他們變成我們的至交，本書、《銅屋雜集》、《Self-Help Acu-Hematite Therapy》及《關懷雜集》，都經過才思敏捷的滄洲細心的處理。還要感謝兒子奧利佛的慷慨解囊，負擔我們夫婦近年來著作的全部印刷費，讓真相有機會大白於世。

對頭講起

陳榮成

　　1937 年我出生於嘉義朴仔腳，我上幼稚園時，靠著父親是嘉義朴仔腳最大的計程車行「Taiwan Taxi」的老闆，才能上日本孩子們上的幼稚園及小學，當時祇有五個臺灣人上這種學校，所以在學校日本人比較多，我們常被打，等到放學後，在回家的路上，我們五個人常聚集在一起，一看到日本同學祇有一個人走路回家，我們就開始和他打架，是一對一打鬥，輸的一方說「投降」，就算了，到了學校又被他們修理；打來打去，形成一個循環，這可能是我臺灣意識的萌芽。

　　有時父親會用他的黑色轎車帶孩子們去關仔嶺洗溫泉。父親常常說到祖父開雜貨店，後來也購買了不少的田地，在當地算是富豪，但所生的小孩都夭折，請教算命師，算命師告訴祖父要取個比較長壽的名字，所以父親的名字是陳樹王。後來父親的生意變差，果然父親活到 96 歲。由於父親是獨子，當他上小學時，祖父捨不得父親走遠路，就把他放在籃子

內，然後一籃放石頭，用桿子放在肩膀把父親像挑擔子送他到學校念書。當時父親有很多朋友到日本學醫，但祖父就是不肯讓父親學醫。父親不得已到日本學機械，這也是父親開計程車行的原因。

二次大戰期間，盟軍來臺轟炸對我父親的生意影響很大，汽車零件取得非常困難，我祖父是地主，所以父親還有田地，只是國民黨政府時代，父親的田地也都被「三七五減租」和「耕者有其田」拿走了，我讀嘉義中學時就感受到這個情況。我父親受過漢學教育，他會寫詩，參加詩社，寫了很多古典詩。他遭逢日本統治的歧視，參加林獻堂的組織，推動臺灣自治運動，我記得他曾經被衙門抓走。

我所有的兄弟都是嘉義中學出身，大哥是陳榮品，我是男生排行第二，陳榮仁排第三，第四個陳榮良，榮仁和蕭萬長同期，而我在嘉義中學和張俊雄同期。甚至在國立臺灣大學時我是司法組班代表，張俊雄是法學組班代表。張俊雄的父親是律師出身，也是反國民黨，他後來擔任嘉義市女的校長，當時的市女校長宿舍在中山公園附近的農業試驗所旁邊，後來他們搬去高雄，我們嘉義人在高雄有很大的勢力，我的一些結拜朋友都和張俊雄很親近。

國立臺灣大學代聯會很重要的一件事就是訓練如何和國民黨鬥爭，學校訓導處都是國民黨的特務，想推翻臺灣派。1956 年，蔡同榮選上代聯會主席，在那次選舉過程中，侯榮邦扮演最重要的角色，他也是

法律系的，那時我們常在臺大宿舍二四舍聚會，那是反國民黨的大本營，還有劉家順、鍾廖權等人。後來蔡同榮在出國前，於 1960 年 6 月 19 日會合 43 位有臺灣意識的朋友們，像張燦鍙、黃崑虎、黃崑豹、侯榮邦、羅福全和我，在靜樂旅社發起關仔嶺會議，討論推翻中國國民黨與臺灣獨立問題，會後結拜為兄弟。劉家順和蔡同榮同機出國，在機場被捕。家母知道我也參加該會議，一直要我趕快出國，但父親生意失敗，家裡很窮。父親 65 歲那年和我到德國慕尼黑看世界書籍博覽會時曾向我誇口，已將祖父的財產全部收回。他活到 96 歲，留給我們兄弟姊妹的遺產將近 125 萬美金，算是有相當愜意的晚年。

家母很注重我們兄弟姊妹的教育，當時大哥要出國是用保證金出去，因為他的獎學金很少，母親和鄭兒玉牧師娘李春鈴很要好，她向牧師娘訴苦，那時鄭牧師去德國念書，牧師娘很慷慨的向母親說，她會將鄭牧師的存款簿存金四千美金轉給陳榮品。大哥才能順利於 1958 年出國，大哥是麻省理工學院畢業，他出國後，將保證金寄回臺灣。1962 年我出國到奧克拉荷馬大學，我是念文科，這個學校很難申請，所以我沒申請到獎學金。我能去美國也是鄭牧師及牧師娘的資助，榮品之後寄回來的存簿金再轉到我的名下，若沒有他們慷慨的拿出這筆存簿金，我是無法去美國的，我的弟弟榮仁要出國時又再轉到他名下，我弟弟是明尼蘇達大學畢業的，和臺大的陳都他們都在一

起。所以我每次回臺灣都會去找這位恩人。我會給牧師及牧師娘一些生活費用及買些美國藥物送他們,當然也捐錢幫助鄭牧師出書,他出版《押韻詩篇》及《臺灣翠青》,他也喜歡臺語詩作。他是〈臺灣翠青〉歌詞作者,此曲被臺派視爲「臺灣國歌」。我一開始讀政治系,之所以沒讀法律,是因爲語言的問題,語言是溝通的工具,若想擔任審判律師,就要有很強的語言能力,我想等我再花個五、六年時間把語言學好,我已經是個老人了。那時我很感嘆,國民政府利用服兵役的方式把人磨到失去理想,當兵兩年或三年,年齡漸漸變大,就會一心只想就業。

我的博士論文最後沒有完成,改去教書,不需要完成博士論文也能教書。一開始我在堪薩斯教書,教了一年之後,因爲沒有美國公民身分,他們只給我暫時性的教職,於是我又向路易斯安那州立西北大學申請教職,他們願意給我比較好的條件,只要教滿幾年之後就不能辭退我,所以我轉去西北大學任教,薪水較好,又有保障,可以專心從事獨立運動。我教的是政治學,有五個領域,主要是教美國政府學,還有政治學說、國際關係等。

那時候我們這些臺灣留學生的志願主要是教書,蔡同榮、張燦鍙、羅福全也是。我和蔡同榮、張燦鍙同一年加入臺獨聯盟,但我們不是參加美國的,而是先參加日本的組織。當時美國的組織是比較地區性的,也就是陳以德他們幾個人組成的,結果是不成氣

候。我們參加日本臺獨聯盟這件事沒幾個人知道，因為我們是祕密盟員，到美國之後，才以我們這幾個人為主體，去連結其他的人。羅福全是「關仔嶺事件」中的成員，在日本那裡有侯榮邦，兩邊再結合在一起。基本上就是以「關仔嶺事件」的這群人為核心。這點很重要，其他人所寫的「臺獨聯盟歷史」都不著邊際，沒有描述到這個重點。

1962 年我到美國，1964 年柯喬治 *Formosa Betrayed*（《被出賣的臺灣》）出版，〈臺灣自救宣言〉也是 1964 年出來，1966 年我們去進行「長征」，走到柏克萊大學時遇到柯喬治，我跟他要那本書的版權，所以版權是先給我的，外面流傳的都是胡說八道，事實上是我跟他要，他先給我的。他為什麼要給我？不是我在邀功，在柏克萊，柯喬治是用餐時口頭說要把版權給我，他很感謝我去筆戰，為他的書辯護，我說你那本書寫得很對，因為我親眼看到二二八，這是很確實的事情。後來他還有寫信給我，這是最好的證明。二二八紀念館有我為柯喬治筆戰的文件，一開始我也不知道我的文件都被拿到那裡去了，是黃昭堂告訴我後我才知道的。1993 年我回臺灣幾次，也沒去過二二八紀念館。原本我就有計畫要翻譯，但因為忙於獨立運動，1970 年「四二四事件」之後我才全心翻譯這本書，1973 年才順利出版，直到 2007 年 11 月，我返臺參加在圓山飯店舉辦的《被出賣的臺灣》座談會時已經過了三十幾年。翻

譯過程當然不只我一個人，所以我才說，那不全是我翻譯的，我在書的序言裡有寫到是我主譯的，當年大家都很害怕，只敢寫「姓」，只有我敢留下姓名。當時大家為了申請綠卡，不敢站出來；我是最後去申請綠卡的，我認為要砍頭就先砍我的，其他人都躲在後面，但我知道，他們幫忙翻譯這件事也算是很勇敢。

翻譯 *Formosa Betrayed* 不是組織的行動，臺獨聯盟是反對的，第一個反對的就是蔡同榮，蔡同榮阻擋我們做這件事，我說：「你不可以擋我。」我在謝辭裡也提到要跟哪些人道謝，我說：「雖然我沒有錢，但我一定要出版。」他知道我執意要做這件事，阻擋不了，後來他有機會去日本，才透過王桂榮去告訴郭榮桔。那時候郭榮桔最有錢，他做拉麵生意賺了很多錢，所以願意出錢。但畢竟郭榮桔是生意人，他提出條件，第一版有一半的書要給他，例如印一千本，他要五百本。我說：「好，沒有關係。」後來才順利印出來。美國這邊的五百本馬上就賣光了，但郭榮桔的五百本賣不出去。後來張燦鍙把賣這些書賺來的錢當做政治資本。

這本書能出版，黃昭堂也是貢獻很大，當時他化名「黃有仁」。因為黃昭堂對臺灣的政治歷史很有研究，這本書裡面很多的人名、地名，他都做了修正。我翻譯這本書的感想是柯喬治這個人相當有自覺性，這本書的緣起是為了紀念林茂生。柯喬治晚年很窮困，我後來一直有寄錢給他，直到他過世為止，雖然

金額不是很多。

　　有人說柯喬治是美國間諜，他是擔任過情報官之類的工作，但說他是美國間諜，那是國民黨在醜化他。國民黨的手法都是這樣，除非巴結國民黨，要不然不是說你歪哥，就是說你睡女人，目的就是要醜化你。國民黨是由調查局長沈之岳專門對付柯喬治，柯喬治知道其中的利害關係，國民黨曾想收買他，甚至要燒他的書，買他的英文版權等等，用盡各種手段。這些動作是針對英文原版，國民黨擔心這本書會影響美國對國民黨的政策。漢文的版權則沒有問題，因為柯喬治已經給了我。後來我才知道，這本書一開始要印行時，他不太有自信，之後他很驚訝銷路會那麼好，第一刷全部賣光。柯喬治後來只領美國聯邦政府微薄的退休金過活，他曾經在柏克萊、史丹佛等校教過書，他會到柏克萊是因為 Scalapino 在當系主任。不過史丹佛的胡佛研究中心是美國保守派的智庫，所以中國遊說團（China lobby）就煽動保守派去鬥柯喬治，柯喬治招架不住，沒多久就離開了。胡佛中心到現在還是很保守，如果瞭解美國政治的人就會發現，愈是保守派的人愈愛臺灣，但他們「愛臺灣」是希望臺灣去和中國共產黨對抗。

　　1992 年柯喬治在夏威夷生病過世，我之前也去看過他，不是每一年，有時也會寄錢給他。他沒有親人，過世之前決定把身體捐給醫院做遺體解剖，倒是住院期間沒花什麼錢。柯喬治是臺灣人很好的朋友，

對臺灣人很有感情，他有教過林茂生，也有教到王育德、邱永漢，那些人都是他的學生。我一直想要替柯喬治做一點事，終於在 2015 年 1 月設立「美國柯喬治紀念基金會」，在臺灣臺北舉行兩次慰問會。

1969 年聯盟為什麼會派我去巴西？其實我根本沒認識半個人，為什麼叫我去？我那時候是和張燦鍙、蔡同榮三個人一起商量，我從洛杉磯出發。在巴西住了三個月，剛好是暑假期間，1969 年 6 月去，9 月回來，「四二四事件」是 1970 年發生的。聯盟要我負責海外聯絡組，海外聯絡組就是去聯絡新的組織，我負責加拿大、歐洲，加拿大是和林哲夫聯絡；歐洲是和張維邦、張維嘉聯絡。張維邦是我的同學，他是商學系的。海外聯絡組主要是聯絡巴西的周叔夜以及臺灣的地下組織。

當蔡同榮建議蔣經國來美國時我要有所行動，我認為時機還未成熟，反對他的建議，他告訴我，若我不同意他將委託他人，這等於是削了我的權，於是我必須將職務移交給執行祕書長鄭自才，包括用我的名字買的槍都要移交。那是用聯盟的錢買的，目的是做為訓練用途，這是合法的，上面都有編號登記，所以一下子就可以查出來。我當然知道他們要拿槍去刺殺蔣經國，我反對他們那樣做，因為會有很嚴重的後果，我說：「我反對你們這樣做，你們要做就去做，但應去買黑槍，這是聯盟的財產……」知道我有槍枝的祇有蔡同榮及張燦鍙，鄭自才向我討槍時，我很驚

奇他怎麼知道，當時我猶疑是否該交槍給他。

周書楷那些人就是硬要把聯盟扯進來，而槍的來源也很快就查出來了，因為槍有編號。我當時思考如何去處理這件事情，如何減少已經造成的傷害，第一，盡量保護鄭自才，讓他在法院的審理過程中不要受到太大的傷害；第二，也是更重要的，就是保護聯盟，讓聯盟能夠繼續發展，因為周書楷他們這些國民黨的就是要利用這個機會打擊聯盟。

遺憾的是，那時陳隆志負責外交，他公開發表：「這都是私人的行為，和組織沒有關係。」他這樣說刺激到鄭自才，鄭黃決定逃亡企圖打倒聯盟。因為都是大家在講要刺殺蔣經國，後來真的有人去做了，卻說和他們沒有關係，好像「放山貓」。所以後來賴文雄才會跟我說：「要打倒這個組織。他們（黃文雄、鄭自才）就是要跑，把臺獨聯盟弄倒……這個組織沒有在照顧人……」他們自從離開之後就沒有再參加臺獨聯盟。蔡同榮於 1971 年 6 月號的盟員通訊內宣布不再連任主席，所以一切跟他做事的盟員也辭職，包括我在內。鄭自才說我在大陪審團證詞內我的職責仍說是海外聯絡，那是沒有錯的，祇是我被縮水成海外聯絡組負責人。這批離開臺獨聯盟的如賴文雄、王秋森、張維嘉等 30 多人和許信良合作。1980 年 8 月在東洛杉磯，許信良、陳昭南、陳婉真及陳芳明開辦了《美麗島週報》，是張維嘉出錢出力的結果。這份刊物是國民黨有意要破壞臺獨聯盟而讓他們創辦的，我

稱他們是「文化流氓」。

1981 年 4 月《美麗島週報》推出「424 刺蔣專輯」，對臺獨聯盟在「刺蔣案」後的處理態度多所批評；於是「美麗島週報社」和臺獨聯盟的衝突正式搬上檯面。

鄭自才是借王文宏的護照，由紐約赴瑞士，大家猜想要逃亡時就在賴文雄那裡是錯誤的估計（《刺蔣》第 130 頁說明得很詳細），後來羅福全和周斌明醫師想去勸他們不要離開時，人就已經走了。在刺蔣一書第 134 頁也提到，周斌明醫師的太太打電話給晴美，說他們兩人於去（1970）年敢槍擊蔣經國，就應該在美國受美國法律的約束和制裁。美國政界都很同情他們，我當時寫信給市長，也寫信給法官，那位法官是紐約州高等法院裡面屬於最自由派的，很有機會得到無罪的判決，為什麼要逃？黃呈嘉也評論：「黃、鄭兩人棄保而逃，不僅他倆成為通緝犯，連眾人辛苦籌措的保釋金亦全部被沒收。一椿原本大義凜然的事件就這麼虎頭蛇尾地落幕，徒然帶給眾人無限的驚訝與惋惜。」（《刺蔣》第 277 頁）

檢察官起訴鄭自才的兩個罪狀是企圖謀殺、非法持有槍枝。如果黃文雄站出來說：「他沒有策劃，都是我一手策劃的，他都沒有參與，你判我就好。」鄭自才最多就是違反槍枝管理條例，頂多關一個多月。

但是黃文雄沒站起來說話，所以檢察官才會諷刺他：「為什麼不站起來說？你就是有罪才不敢站起來

說。」因為黃文雄聽律師的話，律師很明確的跟他說：「你不能站出來講。」黃文雄應該要反對他的律師，他如果想要保護自己的妹夫（鄭自才）就應該站出來說：「是我去偷拿槍的。」結果他聽律師的話。當然律師有義務要他不站出來說，因為要保護當事人的利益。如果黃文雄真的要擔罪，可以編一個故事說：「那把槍被鄭自才藏在關門的地方，是我偷拿出來的。」這樣鄭自才就不會有罪，也不會被判謀殺罪。有人說，鄭自才希望我不要出庭，要我去逃亡！問題是就算我逃亡變成通緝犯，也於事無補，因為 4 月 24 日當天鄭自才已被法利斯抓到很多把柄。我所瞭解的「四二四事件」，整個過程並沒有完整的計畫，蔡同榮應負責這個事件，蔡同榮要負最大的責任，他也承擔不起。如果要回臺灣做這件事（暗殺），我個人會承擔起來，當我參加臺獨聯盟時我就決定單身，甚至在聽從母親建議結婚後，也主張不生小孩。況且聯盟事後的處理也不對，當然臺獨聯盟這個組織沒有辦法出面承認這件事，也不應該去擔這個責任，因為組織要繼續完成長期的臺灣獨立的宗旨，因此這個事件必須有人去犧牲。總之，不應該在美國做這件事，我的看法，應該在臺灣做比較容易，例如可以調查蔣經國什麼時候要出來外面理髮，再找機會進行等等。

　　這件事沒有影響到我教書的工作，因為我沒有拒絕出庭作證。我被傳喚時不說，但檢察官逼我說，如果我說謊就要被抓去關，但我為了組織還是說了一些

謊話。我用美國的法律名詞——「敵對的作證人」，表示我與美國政府是敵對的，當然沒有必要完全配合他們，在美國刑法上，作偽證，會被起訴判重罪。在《刺蔣》一書，鄭自才攻擊我，說我出賣他。當年那些法院的文件我都保存著，是花錢去要來的，我還去找當年的雷比露斯維特（Victor Rabinowitz）律師作證，他認為鄭自才贏的機會不大，因為鄭自才在法庭上胡言亂語，連雷比露斯維特律師也無法約束他，副檢察官法利斯用他在法庭上的行為，很輕易就說服陪審團鄭自才不是老實人，所以陪審團都投他有罪。鄭自才聘請的律師曾教我如何去作證，他強調這是政治的議題，不是法律問題，他所說的，在政治學上也有一說，有某種程度的說服力。律師的論點，黃文雄、鄭自才他們有政治動機，雖然行為違法，但是，這不是刑事問題，而是政治問題，因為臺灣的情勢逼使他們這樣做。鄭自才、黃文雄也不是為了錢，不是說刺殺這個人可以拿到錢，如果這樣，那就有錢的動機；但他們不是，他們去謀殺蔣經國是為了政治，因為蔣家欺負臺灣的老百姓。

　　我很早就被列入黑名單，因為「四二四」案件，一直沒辦法回臺，後來我請人去問張俊雄：「我可不可以回去？」張俊雄要我暫且不要回去，因為他那時在當立法委員，應該是外交委員會的一員，稍微知道這方面的消息。我一直到 1993 年才回到臺灣，我記得田弘茂也有說過，田弘茂以前加入過臺獨聯盟，我

們那個時候負責《Ilha Formosa》的編輯。自從 1993 年之後，我經常回臺灣，之前我不能回臺灣，父母親如果要來美國，不能同時出國，國民黨政府的警備總司令部都一定要留我父母其中一個在臺灣。

我教書二十年，1988 年之後，發現自己沒賺到錢，因爲我一生都在做臺獨運動，我需要賺一些錢，於是就去做進出口生意。我主要的生意對象不是臺灣，都是印度和美國之間。我目前處於半退休的狀態，孩子都大了，我有四個小孩，三個女兒都在波士頓，一個兒子奧利佛在二十三歲學生時代就是百萬富翁了，他是 Wharton School of Business（University of Pennsylvania）畢業生，他於 2014 年被證券投資公司（Cowen & Company）聘請爲零售及奢侈部門的董事總經理（Managing Director of Retail and Luxury Department），我常跟朋友們開玩笑，我唯一的兒子是假醫生（MD）。他也是電視臺的常客，像 CNBC、Fox、Bloomberg 等電視臺遇到證券市場的大波動，或一些大公司的市場漲落的情況，都會請他上電視分析。在接近他 40 歲生日（5/15）的 2018 年 5 月 12 日，他在紐約市美國歷史最悠久的文學俱樂部魯特斯會館（Lotos Club）開十桌請客（請閱附錄〈3. 奧利佛 40 歲生日專輯〉）。魯特斯會館於 1870 年 3 月 15 日設立，1900 年 12 月曾在此宴請大清帝國駐美大使伍廷芳。因爲這樣，我不用煩惱兒女的事情，加上兒子奧利佛以及我弟弟陳榮良醫師的慷慨解囊，我可以比較自由、盡己所能的幫忙臺

灣人的代誌。近年我開始從事歌詞譜寫的業餘嗜好，本書收錄的〈被出賣e臺灣〉就是我初次的嘗試，感謝王明哲先生答應譜曲，讓它有了靈魂。

「四二四事件」之後我退出聯盟，那時候我認為自己可能是他們的負擔，所以後來也沒有再報名參加。不過因為舊的同志來來去去，我想我做的工作可能比盟員更熱心。後來我也於1982年和蔡同榮、黃彰輝牧師與彭明敏等海外知名人士，一起組織「臺灣人公共事務會」（FAPA），為臺灣推動外交工作，拓展國際關係。蔡同榮與黃彰輝牧師等人促成臺灣人在美國有兩萬人的移民配額，這個意義很重大，

2018年9月15日，我和內人及王明哲合照於表姊林雪花處

王明哲先生美妙的演奏叫人樂不思蜀

因為它表示美國承認臺灣是一個獨立的國家。我捐錢給 FAPA，好像給美金 $1,200.00 就能變成永久會員，現在看 FAPA 是不是能夠好好整頓一下，我也在黃文局 2016 年 9 月 14 日於華府創辦的「全球臺灣研究中心」（Global Taiwan Institute, GTI）當榮譽董事長。

「四二四事件」有一個象徵意義，長期看來，它間接促成臺灣的民主化，但是壓力不是只有這個因素，臺灣的經濟發展促使政治的自由化，就像現在美國政府處理中國問題就是這樣。讓中國繼續經濟發展，人民就會要求政治解放，也就是先經濟自由化，再政治的自由化；或者像蘇聯先政治自由化，再經濟自由化，美國很早就在辯論這個議題。如同美國對蘇聯的政策，不必用到一顆子彈就可以解決，李登輝先生對臺灣政治的功勞，就是不須用革命的方式去推翻蔣家政權，不用流血，用選舉就解決了這個問題。

1970 年黃文雄開槍之後，1979 年才有美麗島事件，中產階級要求政治的改造，國民黨後來沒有辦法完全控制經濟、政治及媒體，例如電話也無法控制，現在用電視、E-MAIL 更產生很大的變化，臺灣人發覺被統治半世紀，國民黨都在說謊。1965 年 *Formosa Betrayed* 就寫出來了，1973 年翻譯出來時也被偷寄回來，我也偷寄很多《蔣經國竊國內幕》回臺灣，《被出賣的臺灣》因被鄭弘儀的電視節目推薦，成為家家戶戶該讀的書，讓國民黨的統治走入不安定化進而被瓦解的地步。

目次

 府城石舂臼人的話

第二部 陳榮成的話

附錄 說一聲感謝

府城石春臼人的話

鄭自才擅長斷章取義、歪曲事實，而且伊說久了，竟讓很多人接受伊的說法，伊用的手段就是「假久了就變成真」，為了將真相公開，我祇好在此略微說明。

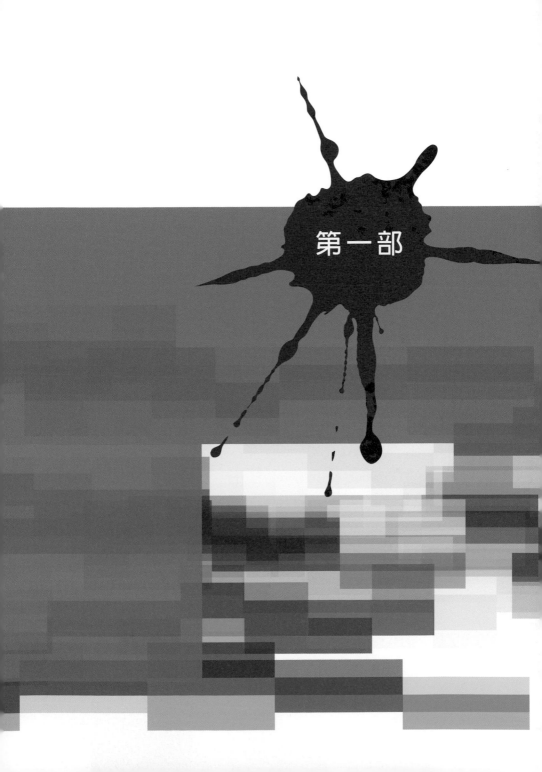

第一部

1. 世界最貴的三明治
—— 1970 年 9 萬美元的保釋金

1970 年 4 月 25 日星期六，《紐約時報》記者 Joseph Lelyvld 報導「廣場飯店入口處的企圖謀殺」（Entrance to the Plaza Hotel Is the Scene of Assassination Attempt）（參閱附件一），當中提到第三警局的督察 / 警督 ❶ William J. Averill 說，警察有充足的理由相信鄭在謀殺蔣的案件裡是共犯，但拒絕提供他被捕的詳情。（Inspector William Averill of the Third Detective District said later that the police had "sufficient reason" to believe that Cheng was an accomplice of Mr. Chiang's assailant, but declined to furnish the details of his arrest.）

另外報紙《The Free Lance-Star》也於 1970 年 4 月 25 日刊登紐約美聯社（New York, US - Associated Press）的報導，題名「單發手槍射殺差點擊中蔣的繼承人兒子」（Single Pistol Shot narrowly misses Chiang's son-heir），

---

❶ 紐約市警局的職位階級：局總警監（Chief of Department）＞處總警監（Bureau Chief）＞助理總警監（Assistant Chief）＞副總警監（Deputy Chief）＞督察 / 警督（Inspector）＞副督察（Deputy Inspector）＞警監（隊長）（Captain）＞警督（中隊長）（Lieutenant）＞警長（Sergeant）＞警探（Detective）＞警員（Police Officer）＞實習警員（Probationary Officer）＞警校學員（Cadet）。

內容提及警察也在飯店外逮捕到第二個人，並控以相同的罪名。（Police also arrested a second man outside the hotel, booked him on the same charges.）他們認出這個人是 33 歲的鄭自才，伊是建築師，並且說伊有參與此企圖謀殺的行為。（They identified him as Tzu-tsai Cheng, 33, an architect and said he was "acting in concert" in the assassination attempt.）向報社透露鄭自才也被捕的督察 William J. Averill 享年 95 歲（March 15, 1913 - September 10, 2008）。

　　在伊的巨作第 208 頁講到鄭自才是嫌疑犯，是因為阮頭家陳榮成把槍枝交給伊。但從報紙的報導，伊是 424 那天就被認定是嫌疑犯。任何沒有腦殘的人都應想想，這位 William J. Averill 督察可以無中生有、憑空捏造，進而隨便逮捕人嗎？而且 William 也聲稱他有充足的理由。

　　伊一直大聲野喉，說阮頭家整本書（《我所知的四二四事件內情》）從頭到尾都是以謊言在抹黑鄭自才，來合理化他做污點證人的行為。伊一直否認伊煞有和警探 James Ziede 談話（伊的巨作第 223 - 224 頁），還要讀者讀附件三。請看伊的巨作第 334 頁，附件三的第四行至第六行：「在詢問的某一期間，被告要求請律師時，談話結束。」（that at one point during the questioning the defendant asked for a lawyer, and as soon as that happened the conversation stopped and a lawyer was called for.）張文隆先生在史實重建時不知對此句話有何觀點。

　　伊死鴨仔硬喙桮的行為可在伊的法院詢問及對答

窺見一番：警探 James Ziede 是抓住黃文雄的手。黃文雄所握的槍走火，射向蔣經國頭上二十公分處，子彈射在廣場飯店旋轉玻璃門上。

James Ziede 在事件發生後沒有馬上離開現場，直到下午一點直接到第十八派出所，大約下午四點他和鄭自才談話。鄭自才告訴他，他是於十一點半和他的妻子到廣場飯店，黃文雄是自己去的。

法院證詞第 689 - 690 頁，伊被問到在第十八派出所是否和警探 Ziede 說過話？（Did you talk to Detective Ziede during that time at all?）答：我不認為如此。（A: I don't believe so.）

法院證詞第 696 頁，警探 Ziede 被詢問，在第十八派出所是否和被告在下午談到此案件？（At the 18th Precinct, some time during the afternoon, did you have a conversation with the defendant in this case?）答：是的，我有。（A: Yes, I did.）問：大約是什麼時候？（Q: About what time was that?）答：大約是下午四點。（A: It was about four o'clock in the afternoon.）

法院證詞第 705 頁，警探 Ziede 被詢問：警探 Ziede，你有記錄你和被告的談話嗎？（Detective Ziede, did you make any notes of your conversation with the defendant?）答：是的，我有。（A: Yes, I did.）問：你何時做這些筆記？（Q: And when did you make those notes?）答：差不多我跟伊談完後的十至十五分鐘。（A: About ten to fifteen minutes after I was talking to him.）問：你用什麼做筆錄？

（Q: And what did you make those notes on?）答：用黃色的文書紙，黃色的紙張。（A: A yellow pad, yellow pieces of paper.）副檢察官法利斯：我可以將它做為紐約州民的證物嗎？（Mr. Fallis: May I have this marked for identification?）法院：那麼，它是紐約州民證物 #20。（The Court: Well, that would be People's Exhibit 20 for identification.）四張有筆錄的紙被註明為紐約州民證物 #20。（Whereupon, Four sheets of white paper containing Notes, Above referred to, were marked People's Exhibit 20 for Idenetification.）

　　法院證詞第 709－712 頁，警探 Ziede 被詢問。問：官員，你在何處詢問被告？（Q: Where did this questioning of the defendant take place, Officer?）答：在第十八派出所二樓。（A: On the second floor of the 18th Precinct.）問：大約是什麼時候？（Q: And about what time was it?）答：大約在下午四點。（A: Approximately 4:00 p.m. in the afternoon.）問：是否在伊從醫院 ❷ 回來？（Q: Was that after he had returned from the hospital?）答：是的，先生。（A: Yes, sir.）問：同時有任何其他的官員在場嗎？（Q: Were there other officers who were present at the same time?）答：我的夥伴在場，警探 Suarez。（A: My partner was present, Detective Suarez.）問：你們兩個一起審問伊？（Q: And did both of you question him together?）答：我做審

---

❷ 黃文雄在被警察制伏後被帶進有無線電裝置的車內，車子將開動時被命令暫停，鄭自才也被送入該車。因為鄭自才頭部流血，所以立刻被送到醫院，鄭的頭部被縫六、七針後，於下午三時被送回派出所。

問。（A: I did the questioning.）問：官員 Suarez 在那裡嗎？（Q: Was Officer Suarez there?）答：是的，先生。（A: Yes, sir.）問：順便一提，你有給證人／被告午餐嗎？（Q: By the way, had the witness -- defendant -- had any lunch, did you know?）答：是的，我叫人去買咖啡及三明治。（A: Yes, I sent out for coffee and sandwiches.）問：是在審問前或審問後？（Q: Was that before or after the questioning?）答：審問前。（A: Before.）問：這審問有多長的時間？（Q: And about how long did this questioning take?）答：大約 20 分鐘。（A: About twenty minutes.）問：都是你審問？（Q: Did you do all the questioning?）答：是的，先生。（A: Yes, sir.）問：有警察局速記員在場嗎？（Q: Was there a stenographer present?）答：沒有。（A: No.）問：當你結束你的審問，你是否有要求被告簽名？（Q: Did you ask the defendant to sign any statement when you finished?）答：不，我沒有。（A: No, I didn't.）

問：審問時，除了你、被告及官員 Suarez 外，還有任何人在那間房間？（Q: Was anybody else in that room except yourself, the defendant, and Officer Suarez, during the course of this examination?）答：不，祇有我們三個。（A: No. There was just the three of us.）問：黃文雄也在房間內嗎？（Q: Was Peter Huang in the room, also?）答：在鄭先生之前。（A: Prior to Mr. Cheng.）問：你的意思是你已在這之前審問過黃文雄❸？（Q: You mean you had questioned Peter Huang before that?）答：是，我做了。（A: Yes, I did.）

問：被告有沒有表現出任何一點覺得不舒服或感覺疲倦？（Q: Did the defendant say anything about not feeling well or being tired?）答：他沒有向我抱怨，沒有，先生。（A: He didn't complain to me, no, sir.）問：在審問當中被告有要求請律師嗎？（Q: At one point did he ask for a lawyer?）答：在審問之中，是的。（A: There was a point, yes.）問：在這期間發生什麼事？（Q: What happened at that point?）答：我們停止談話，打電話請律師。（A: We stopped the conversation and there was a call put in for a lawyer.）問：誰打電話？（Q: Who put the call in?）答：我不知道。（A: I don't know.）問：你打的嗎？（Q: Did you?）答：不，我沒做。（A: No, I didn't.）問：那你怎麼知道有人打電話給律師？（Q: How do you know a call was put in for a lawyer?）答：之後我被告

左起：賓梅立克、張啓典、筆者（2009年7月20日攝於波士頓）

---

❸ 張啓典於事發後隔天去拜訪黃文雄。啓典在424當時負責載黃文雄到美國靠近加拿大邊境，等晚上天黑，兩人爬過邊境，在一家咖啡店內邊喝咖啡，邊吹口哨，直到一位臺灣人出現把黃文雄帶走。黃文雄告訴啓典，他於被審問時說出槍是鄭自才的，他擔心鄭自才可能也會被起訴。

知美國民權聯盟有打來電話。（A: Because I was advised later on that -- American Civil Liberties was called.）

法院證詞第 715 頁，鄭自才被詢問。問：你記得昨天你聲明你沒被警探 Ziede 審問過？（Q: Do you remember testifying yesterday that you had not been questioned at the precinct by Detective Ziede?）答：是。（A: Yes.）問：這之後，你聽到警探 Ziede 在這裡聲明他有審問你？（Q: And did you after that hear Detective Ziede testify here that he had questioned you?）答：是。（A: Yes.）問：關於你在警察局被警探 Ziede 審問過的事，你現在願意改變你的聲明嗎？（Q: Do you wish to change your testimony now with respect to your having had an interview with Detective Ziede at the precinct?）答：不，先生。（A: No, sir.）物證及人證俱全，但鄭自才仍死鴨仔硬喙桮不改他的證詞。該陪審團有 11 名男士、1 名女士，若你是該陪審團團員，聽到伊的證詞感想如何？伊在法院的證詞，當時若有一位陪審團團員認爲伊嘸犯罪，伊就嘸罪。被告有罪或無罪，十二人要全體同意。（To find a defendant guilty or not guilty a unanimous vote of the 12 jurors is required.）

鄭自才在伊的巨作大言不慚，宣稱警探 Ziede 並沒有權力審問他（伊的巨作第 223 頁），但那被寫下做爲紐約州民證物 #20 的四張紙不知從何而來？當晚馬上開庭，伊和黃文雄都被裁定拘留，按照紐約州的法律，若檢察官沒有足夠的證據，嫌疑犯該於四十八小時之內釋放，檢察官可繼續搜集證據，若證據不足，

嫌疑犯可消遙法外；若證據足夠，檢察官可要求再度拘留該嫌疑犯。當時處理鄭自才案件的是副檢察官法利斯，若法利斯當天沒有足夠的證據，他沒有權力拘留鄭自才，要伊坐牢。

法利斯是 1967 年哈佛大學法學院畢業的，同年獲得律師執照，這位工作勤奮的年輕副檢察官，於 4 月 24 日就和當時在場的巡邏警員 John J. O'Reilly 談話，自己筆錄一張黃皮書列為法院證物 #4，而他詢問 O'Reilly 的部分也有錄音帶，列為法院證物 #3。Reilly 說：「黃文雄被警察們制伏時，我看到這群人邊緣的被告在大喊大叫。伊揮舞手上的紙並且不停的喊叫，我馬上將伊抓住。」（The first thing I saw was the defendant on the edge of this group screaming and yelling. He had a few papers in his hand at the time and he was constantly yelling. I immediately grabbed him.）他也詢問巡邏警員 William F. Kiley，這位警員的聲明也被錄下來列為法院證物 #7，法利斯自己筆錄一張黃皮書列為法院證物 #6，Kiley 看到鄭向旋轉門喊叫並且做了一些手勢，他就把鄭抓起來。（Kiley saw Cheng, he was making gestures, screaming and yelling toward the revolving door, Kiley grabbed him.）可見這位副檢察官證據多多。

伊的巨作第 96 頁：「當天下午馬上開庭，以便決定對我們是拘留還是釋放，最後我們兩人都被裁定拘留。」當時自才可能被打得頭昏腦脹，對於自己的拘留理由嘸知影或伊自己心裡有數，不願向世人公開

伊的失言及行為在當日已有嫌疑犯的證據。剛好阮頭家須作證槍枝是他購買的,自才考慮到伊家治的面子問題,就順水推舟向所有不知情的臺灣人控訴阮頭家背叛同志。伊的保釋金是美金九萬元。阮頭家和我說自才吃下三明治後,那四張供詞使督察 William 有充足的理由將伊拘留、罰保釋金,這三明治該是世界最貴的三明治。

Entrance to the Plaza Hotel Is the Scene of Assassination Attempt

By JOSEPH LELYVELD APRIL 25, 1970

A Taiwanese fired a pistol at Chiang Kai-shek's son and heir apparent, Chiang Ching-kuo, in a revolving door at the Plaza Hotel here yesterday, but missed when a detective grabbed his wrist just before the gun went off.

Mr. Chiang, Nationalist China's Deputy Premier, stepped into the hotel lobby uninjured, and apparently unruffled, as detectives wrestled the assassin to the ground 10 feet away.

The police identified the gun man as Peter Huang, 32 years old, and said he was a member of a newly formed movement called the World United Formosans for Independence, which is dedicated to overthrowing the Nationalist regime that has ruled Taiwan since 1949. He was charged with attempted murder.

A second Taiwanese, an architect named Tzu-tai Cheng, who lives in Jackson Heights, Queens, was also taken into custody. He was charged last night with "acting in concert" in the assassination attempt.

Suspect Attends Cornell

Dr. Trong R. Chai, president of the World United Formosans, identified Cheng as the organization's executive secretary and Huang as a graduate student in industrial engineering at Cornell University.

"No comment," was his reply last night when he was asked whether the organization had helped plan the attempt. "This will give great encouragement to all the Taiwanese people," he declared.

Earlier in the day, appearing badly shaken and surprised, Dr. Chai had denied that his group had any responsibility for the incident.

Last night another spokes man for the group, Dr. Lung-chu Chen, issued a statement saying that the group was "in no way associated" with the assassination attempt and "can only deplore" it.

Mr. Chiang, who is 60 and has already taken over the day to-day charge of the Government from his 82-year-old father, proceeded to address a luncheon given in his honor by the Far East-America Council of Commerce and Industry. He did not allude to the attempt on his life, but an aide quoted him later as having said, "If the young man had asked to see me, I would have received him."

Many in the noontime crowds of the hotel's Palm Court just off the lobby appeared unaware of what had happened even as Mr. Chiang went through the lobby on his way to the lunch eon. Only after crowds of police officials and newsmen gathered did ripples of concern stir through the lobby.

In Washington, Robert J. McClosky, the State Department spokesman, promptly expressed "shock" over the incident. Later, President Nixon, Secretary of State William P. Rogers and Mayor Lindsay all expressed their regrets for the incident and their relief over the visitor's escape.

The Deputy Premier had flown here aboard a United States Air Force plane from Andrews Air Force Base in Washington, after talks there with Mr. Rogers and the President.

He arrived at La Guardia Air port and was driven to the Plaza. About 30 members of the World United Formosans were picketing on the opposite side of the street with signs saying, "We represent the silenced majority" and "Taiwan is neither free nor China," when his limousine pulled up to the hotel's Fifth Avenue en trance shortly after noon.

Others Join Battle

According to the police, Mr. Chiang walked up the steps and entered the revolving door as Huang, wearing a raincoat and beads around his neck, leaped over potted plants near the 58th Street side of the entrance. Brandishing a pistol, he brushed by Detective Henry Suarez and Mr. Chiang's aide decamp and thrust his aim into the revolving door.

"He came from nowhere -- we don't know where he came from," Detective Suarez said later. "We had our eye on the subject."

Someone shouted, "He's got a gun," and Detective James Zeide, who was just a step in front of Detective Suarez, lunged for the gunman's wrist and wrestled him to the ground. He was holding Huang's 25-caliber Beretta automatic when it went off, leaving a hole the size of a half dollar in the glass door.

Detective Zeide, a thick-set man of 37, said he continued to squeeze Huang's wrist as hard as he could to make him drop the weapon, but felt its muzzle pressing on his stomach as they fought. Detective Suarez and two uniformed officers instantly joined in and helped to disarm the gunman.

"Long live Formosa, long live Taiwan, down with Chiang Kai-Shek," Huang cried as he was dragged in handcuffs across the street to a patrol car.

Just then, an unidentified patrolman called out, "Wait, we've got another," and dragged a second Taiwanese to the car, later identified as the architect, Cheng, whose head was badly cut and bruised after having been beaten to the ground by the police.

Inspector William Averill of the Third Detective District said later that the police had "sufficient reason" to believe that Cheng was an accomplice of Mr. Chiang's assailant, but declinedto furnish the details of his arrest.

Dr. Lung-chu Chen, a spokes man for the World United

Formosans for Independence, arrived on the scene after the shooting, but before the assailant had been identified by the police.

"We certainly did not plan it," he said. "It must have been an individual act. I arrived too late to see anything, but from what I am told by my associates we do not know who did the shooting, or if he was a Formosan."

Dr. Chai, a political scientist on the faculty of St. Francis College in Brooklyn, appeared distraught when he arrived on the scene. "It was not done by anyone in our group as far as we know," he declared.

Dr. Chai then canceled plans to picket Mr. Chiang when he appeared later in the afternoon at a tea given by the Council on Foreign Relations at 68th Street and Park Avenue.

Both Huang and his alleged accomplice were taken to St. Clare's Hospital on West 51st Street for treatment of bruises before interrogation by detectives and agents of the Federal Bureau of Investigation at the 18th Precinct station, on West 54th Street between Eighth and Ninth Avenues.

Judge John T. Brickley ordered the two men held with out bail for a hearing Tuseday.

Federal Aide Praised

In Washington, Mr. McClos key that that a State Department security man, Alfred Boyd, had assisted in deflecting the assailant's gun. Mr. Boyd's role was not described by the police here when they gave their account of the incident.

In his address at the lunch eon, Mr. Chiang called attention to Taiwan's booming foreign trade, which amounted to more than $2.5-billion last year. He spoke in Chinese and his address was then translated for his audience's benefit.

As he delivered the speech, two security men stood on guard on the dais, only a few feet behind him.

As it happened, his address contained a quotation from Confucious that he might have applied to his experience in the revolving door.

"Death has always the lot of all men," the sage wrote, "but a people without faith cannot survive."

A former Defense Minister, Mr. Chiang has charge of the regime's secret police and security agencies.

He was trained for 12 years in the Soviet Union and established a Soviet-style organization of political commissars in the Nationalist Army on his return to China.

Huang arrived here in 1967 and has lived in Ithaca. His alleged accomplice, Cheng, resides at 76-09 34th Avenue, in Jackson Heights.

The Deputy Premier's itinerary was unaffected by the incident, but security precautions were heightened. After his meeting with the Council on Foreign Relations, he drove to Chinatown for dinner with members of the Chinese Benevolent Association at 50 Mott Street.

The narrow street was closed to traffic by the police and the 300 guests at the banquet were nearly outnumbered by the security men on hand.

This morning he is to fly to Colorado for a visit to the Air Force Academy.

In his message to Mr. Chiang, Secretary of State Rogers said: "Please accept my deep apologies for this unfortunate occurrence. I trust that it will not mar the remainder of your highly successful and widely appreciated visit."

2. 解開不利證詞的迷思

　　首先介紹一下紐約州的大陪審團（Grand Jury），它是由 23 人組成的。大陪審團做決定前，必須有當中懂得法律教條的 16 人在場，且至少要有 12 人投票贊同該被告的犯罪證據合理足夠，該被告才會被起訴。

　　紐約州的檢察官（在鄭自才的案件是副檢察官）將伊的案件直接提交大陪審團。

　　大陪審團室裡沒有法官，大陪審團決定是否有足夠的證據將被告提交法院審判。在大陪審團面前作證的所有證人都不能因他們所說的受到起訴，這叫豁免權。（There is no Judge in the grand jury room. The grand jury decides whether there is enough evidence to put you on trial. All witnesses who testify before the grand jury can't be prosecuted for what they say. This is called immunity.）

　　大陪審團的工作是祕密進行的，不像陪審團審判（jury trial）是公開的。

　　鄭自才的案件是由副檢察官法利斯送交大陪審團，法利斯是根據嫌疑犯（鄭自才）的所有證言總結出的供述，這就是法利斯構建事實的過程，法利斯準備起訴的卷宗，最重要的是嫌疑犯的供述（證據之

王）──四張記著伊口供的筆錄被列爲紐約州民證物 #20，但伊一直不承認，在伊的巨作第 223 頁，竟宣稱警探 Ziede 沒有權去審判伊，還說伊沒有智障，伊不可能家治向警方承認伊的計劃。

法利斯由槍枝的登記號碼追蹤到阮頭家是槍枝所有人。他認爲阮頭家是物證證人，至於人證，有警探 Ziede，Ziede 在大陪審團的證詞被列爲紐約州民證物 #17。

阮頭家宣稱關於交槍、二次出庭作證都不是他自願的，甚至牽涉此案也不是他自願的。

第一次是 1970 年 5 月 13 日，紐約州派兩位警察送作證的傳票給阮頭家，其中一人是審問鄭自才的警探 Ziede，如阮頭家不服從，他將受到懲罰，需坐牢一年。

據阮頭家的說法，當時他想控告紐約州越州抓人，他和律師山姆（Sam Freeman）商量，山姆卻告訴他，他沒辦法勝訴，還是乖乖的簽署自願書，否則 Ziede 可用手銬扣押他坐飛機，這樣多難看!!! 阮頭家於 1970 年 5 月 15 日在大陪審團前作證，其證詞請閱本書〈10. 大陪審團的證詞〉。

1971 年 5 月 3 日星期一，Ziede 再被派遣來路易安那州，隔天下午一點半他到地方法官威廉斯（Judge R. B. Williams）的辦公室申請對阮頭家的監禁權（custody），要將阮頭家帶到紐約法庭。

阮頭家於 1971 年 5 月 6 日星期四出庭，其證詞

在法院證詞第 230－310 頁，副檢察官法利斯認為他有權查考阮頭家的信用度（Credibility），鄭自才在法庭的律師雷比露斯維特則反駁說，阮頭家是法利斯自己的證人，法利斯不能查考阮頭家的信用度。後來法官解釋，阮頭家不是完完全全的自願證人（not entirely a voluntary witness）。因此法利斯有權查考阮頭家的信用度。

在法院證詞第 305－306 頁，法利斯問阮頭家有無要衛護世界臺灣獨立聯盟（The World United Formosans for Independence）的形象，阮頭家的答案是肯定的。他接下去問，阮頭家一定不想做損害組織形象的事，阮頭家認為他的看法是對的。他再問，為了保護組織的形象，阮頭家是否會改變自己的證言或偏差自己的證言？這時雷比露斯維特律師提反對，他認為法官不該讓法利斯挑剔他的證人。法官解釋，阮頭家絕非自願的證人，他不喜歡稱阮頭家是敵對的證人，但阮頭家的情況是很接近的。（He certainly is not a voluntary witness. I don't like to call him a hostile witness. He's close to that.）證人一旦被認定是「敵對的證人」，好比阮頭家，因為法利斯認為阮頭家是敵對的證人，所以法利斯可以問阮頭家引導性的問題。通常情形，阮頭家是被傳喚的證人，法利斯問阮頭家叫直接詢問（direct examination），是被禁止問阮頭家引導性的問題的。（In direct examination, one is generally prohibited from asking leading questions.）

　　阮頭家的法院證詞從 837 頁 - 842 頁的內容摘要如下。若讀者想進一步瞭解，請閱讀阮頭家的書——《我所知的四二四事件內情》（36 - 46 頁）。

　　阮頭家作證時首先被問基本資料，他答他是路州西北州立大學的大學教師。他說與被告認識五、六年，他們都是世界臺灣獨立聯盟的盟員，被告當執行祕書長，他則負責海外連絡組。至於何時購買槍枝，法利斯持有紐約州民證物 #8，是輕武器的交易記錄，記載路州耐卡吐斯（Natchitoches, Louisiana）的陳先生，於 1970 年 2 月 28 日在羅倫斯（Lorenz）購入一枝點 25 口徑的自動手槍，槍枝登記號碼 G42964。

　　阮頭家說當時並沒有意圖購槍，衹是去逛街，最後卻買了食物、手槍及一盒五十顆點 25 口徑的子彈。被問到購槍的目的，他答是練習用，二天後（三月二日）他購買了第二枝槍，是一枝點 22 口徑的手槍，他是在耐卡吐斯的吉普生低廉折扣店（Gibson's Discount Store）購得。這筆資料列為紐約州民證物 #9，記載一枝登記號碼 39445 的點 22 口徑伯瑞達自動式手槍，由吉普生店出售給證人。他又說他購入子彈一盒，內有五十顆子彈。購槍的目的也是練習用，而在他居住的城內，很多人家裡有槍，他否認他的組織指派他買手槍。

　　阮頭家大約是於 4 月 16、17 或 18 日乘坐 Delta Airlines 到紐約，停留二、三天；先住於被告鄭先生的公寓。當時他到機場後打電話給鄭先生，之後就被

鄭先生載到伊的公寓。

他們到家時，除了鄭太太、鄭先生的二個小孩在，還有兩個他們的朋友也在公寓。阮頭家有留下來過夜，但這兩人沒留下過夜。除了帶行李，他也帶去他於二月及三月購買的兩枝手槍和兩枝槍的子彈，但都不是整盒。有一盒是三十顆，另一盒大約四十顆；他在鄭先生公寓的客廳繳出這些東西，當時除了他們沒有別人在場。

阮頭家又說他向鄭先生說明如何操縱手槍，點25口徑自動手槍被列為紐約州民證物＃10，並被出示給阮頭家確認，確定是他給鄭先生的二枝手槍中的一枝，登記號碼 G42964。

阮頭家說明他到達被告住處的那晚，花了四或五小時和被告談話，他祇在被告公寓停留一晚，隔天他住在胞弟處。當阮頭家被詢問，被告是否要求他購買槍？他說沒有，伊沒有。他再進一步被詢問，有無被要求帶槍到紐約？他說他記得鄭要求他帶槍，但他沒有把握，是被要求帶一枝或兩枝，最後他無法確知，他不記得被要求帶幾枝槍。

阮頭家又說他不知道要槍的目的，他沒詢問要槍的目的，也沒詢問為什麼槍不能在紐約購買。換言之，他對被告要槍的目的完全沒問。

阮頭家作證他和被告打過幾次電話，大約 1970年 2 月 9 日，他接到電報後打電話給被告，兩天後的 2 月 11 日，他又打電話給被告，但他不記得談話的

內容。他也承認他偶爾從被告或組織那裡收到支票。法院證詞第 267 頁，阮頭家被問：「你記得 1970 年 2 月 11 日後的某天，收到一張被告簽名背書轉給你的 $300.00 支票嗎？」（Do you remember receiving a check sometimes after February 11, 1970 made out to the defendant and signed over to you for $300?）這是法利斯查到的記錄，鄭自才家治忘掉此事。（伊的巨作第 219 頁）

阮頭家認為手槍是他自掏腰包付錢的，但他承認是用美國銀行信用卡支付槍的錢。當他從組織收到支票時會將支票存入銀行帳戶，他從銀行帳戶付美國銀行信用卡的帳單。

阮頭家在法庭表明，他對被告要槍的目的完全沒問。（He asked no questions relative to the purpose for which defendant wanted the guns.）（法院證詞第 841 頁）若照伊荒謬的說法，擁有兩枝短槍就犯罪，那麼很多擁有兩枝短槍的人都有罪。而且若阮頭家是唯一的證人，對於法利斯的起訴，陪審團員會認為有相當合理的證據嗎？

在法院證詞第 706 頁，雷比露斯維特律師要看紐約州民證物 #17，他說是警探 Ziede 在大陪審團的證詞，法利斯說它共兩頁，和紐約州民證物 #20 不同。（#17 were two pages of a statement by Detective Ziede. It is not the same.）後來雷比露斯維特律師也要看紐約州民證物 #16。所以法利斯搜集了很多證物，這是鄭自才想不到的，伊才敢一口咬定阮頭家若在法庭保持緘默，檢方就無法證明伊有罪。（伊的巨作第 246 頁）

阮頭家出庭的證詞，沒被法利斯要求做為紐約州民的證物，可見他的證詞微不足道，對法利斯而言，其重要性是小得不值一提，但伊的巨作第 237 頁卻強調，「陳榮成出來作證，對我的訴訟是最致命的傷害。如果沒有陳榮成做證人，法利斯就很難說服陪審團判我有罪。陳榮成在自願作證的文件上簽名，就是自願的證人。」大陪審團的傳喚包括總統也不能拒絕，阿才是沒有法律常識，說阮頭家是自願出來作證。鄭自才的前妻（已故的黃晴美）也被大陪審團傳喚，她也是拒絕回答直到獲得豁免權。問：妳被大陪審團傳喚去作證嗎？（Q: And were you given a subpoena to testify in the grand jury?）答：是。（A: Yes.）問：妳拒絕回答直到大陪審團給妳豁免權嗎？（Q: And did you refuse to answer questions until you were granted immunity by the grand jury?）答：是。（A: Yes.）（法院證詞第 428 頁）按照伊的定義，她也是污點證人啊 !!!

時任臺灣獨立建國聯盟副主席的張燦鍙，在《八千哩路自由長征》第 69 頁提到，美國司法制度的辦案程序相當嚴謹，依規定，沒有足夠證據檢察官不能起訴嫌疑犯，而且起訴時必須經過大陪審團的認可。而當時全案的關鍵人物是陳榮成，因為刺蔣的槍是陳榮成提供，這枝槍有登記執照，如果槍枝來源交代不清楚，檢察官就很難對黃鄭二人提起公訴。可見伊的說服力多高 !!! 很多人都不經思考就隨聲附和。

在伊的巨作第 212 頁詢問：陳榮成為什麼不說

如果他不出來作證會是怎樣的結果呢？讓我們假設阮頭家當時拋棄妻子及新生女兒（4月29日出生的 Sonya Formosa）流浪海外，才不會被調去作證，否則他一回路州也會

筆者夫婦結婚照（攝於 1969年）

再度被調。阮頭家不贊成在美國刺蔣，卻因此變成通緝逃犯。

　　但伊被判要送法院裁定的證據是相當充足的。伊沒想到還有其他證人，伊應該也要想辦法請他們暫時避開或像黑手黨（mafia）謀殺幾位證人，如警探 Ziede、槍店的主人 Harold Flynn、電視臺的攝影師 Elliot Harold Butler，這些人都是污點證人，如此一來就焚屍滅證，完全沒有證據了。所以縱使阮頭家沒出來作證，握在法利斯手上的證據是綽綽有餘，伊不知有否想到這些難題？請讀者判斷若阮頭家沒出來作證，伊的結果如何。

　　伊對阮頭家的證詞的評論是：「讓我無脫身的餘地。」（伊的巨作第 240 頁）但實情就在法院證詞的第 251 頁，法官說：「現在祇承認這證人購買一枝手槍，將手槍繳給被告，如此而已。」（The Court: It's only admitted now as the pistol that this witness purchased and turned over to the defendant, that's all.）

3. 阮頭家自我開除盟籍

　　1971 年 6 月 25 日，鄭自才離開美國前往瑞士，黃文雄也逃生於加拿大，所以黃、鄭是棄保逃亡。鄭自才在伊的巨作美其名，「我們棄保逃亡就是不願意在美國坐牢，而是要把臺獨的戰線拉長。」（伊的巨作第 212 頁）

　　1971 年 7 月，在俄亥俄州的丹尼森大學（Denison University of Granville, OH）由已故鐘桂榮教授召開的「盟員大會」中，王秋森做鄭自才的代言人，第一次控訴阮頭家。鐘教授是阮頭家在臺灣大學法學院同學林婉娟的丈夫。當時阮頭家在路州西北大學教書，郭嘉明、林振榮等人從德州休士頓到路州載阮頭家。為了節省旅館費，他們一起日夜開車赴會。

　　開會前，彭明敏老師曾打電話警告阮頭家，說鄭自才、黃文雄棄保逃亡，王秋森將做鄭自才的代言人，要在大會控訴阮頭家。

　　果然，王秋森在大會宣告，由於阮頭家出庭作證，對鄭自才的官司相當不利，可能被判重刑，於是鄭自才、黃文雄決定棄保逃亡。

　　在會場中，阮頭家很驚奇，也不知道被判重刑的

涵義。後來有機會翻閱法院證詞才水落石出，請閱讀陳榮成的《我所知的四二四事件內情》〈第七章｜鄭、黃被起訴和放棄論〉。

這控告是鄭自才第一次嫁禍於人，把畏罪潛逃的擔子由阮頭家獨擔將近五十年。對於伊在派出所的談話（紐約州民證物 #20），自己出庭，口供前後不一致，讓法利斯擊破伊的可信度而被判重罪的過程隻字不提。伊的法院證詞是：「我忘記了！」

鄭自才在監獄，甚至保釋出來（伊於 1970 年 5 月 26 日星期二被保釋出獄）都跟阮頭家有聯絡，為避免聯邦調查局的監聽他們是用公共電話。保釋出獄後的鄭自才非常不滿意主席蔡同榮的做事方式，譬如基金會是用伊的名義去募款，所以伊認為伊應有控制該基金會的權利。

六月初，伊打電話給阮頭家，說伊要出來競選美國本部主席。阮頭家勸告伊，伊有坐牢的可能，阮頭家 Ga 伊 Gong，等伊出獄後才出來競選，阮頭家一定支持伊。

自從阮頭家反對伊那次競選後，伊就沒跟阮頭家再聯絡，如今阮頭家承擔伊逃之夭夭的理由，全會場啞然無聲，沒人敢替阮頭家說句公道話，那滋味使阮頭家終生難忘、永駐心底。

刺蔣案後，聯盟內部爭議不斷，但賴文雄、王秋森，甚至鄭自才本人都認為當時是對外宣傳的好機會，即使聯盟被迫解散也值得。他們認為蔡同榮對這

案件處理不當，蔡同榮在這緊急關頭，只拍拍屁股，於 1971 年 6 月號的「盟員通訊」內宣布他不擬連任下屆美國本部主席，這是

蔡同榮和筆者（2001年6月2日攝於休士頓）

蔡同榮一貫「虎頭老鼠尾」的作風。

美國本部主席由賴文雄的密友鄭紹良接任，聯盟總本部主席則在 1972 年元旦由彭明敏接任。鄭紹良主張開公聽會，把事實弄得一清二楚，但牽連美國法律問題，阮頭家不贊成。

2000 年阮頭家返臺和黃昭堂談起往事，才知道鄭自才也寫信給黃昭堂要他支持伊出來做主席。因大家認為伊在獄中會無法處理主席職務，黃昭堂也婉轉拒絕伊。

鄭自才對阮頭家的控訴產生很大的影響力，連平常和阮頭家合作無間的海外聯絡組的盟員也對阮頭家不屑一顧，認為他出面作證及他的證詞沒有照顧同志。從此阮頭家變成「四二四事件」的罪人，鄭自才還在控訴文中稱阮頭家是敗類，他算是啞巴吃黃連，因為有很多事情不能講，也有很多事情公說公有理，婆說婆有理。

阮頭家自動辭職，將他還保留的臺灣本島祕密

盟員名單寄給莊秋雄處理。阮頭家像一隻被宰的羔羊，默默走出他一生心願投身貢獻的臺灣獨立運動。1979 年張燦鍙路過路州，勸阮頭家歸隊，被他婉轉拒絕。

本來阮頭家對臺灣獨立運動的熱愛讓他準備獨身，但鬥不過他卡將（母親）的反覆叮嚀。我們結婚後他也曾發誓不要生小孩，因小孩若被綁票或受傷害，他會愧疚。當時蔡同榮、張燦鍙、羅福全及阮頭家都認為，聯盟一定要有專業、全職的工作人員，所以他們聘請賴文雄和張文祺擔任全職專員，每人出錢分擔這兩人的薪水，424 事件發生時阮頭家很窮，他沒出半分錢給黃鄭救援基金會。

我很喜歡小孩，還好他沒堅持己見，我們生了三女一男，都對他頗為孝順，使他非常感動。為了撫養小孩，他除了當大學教授，課餘還在禮品店的批發生意上奔波，我們將小孩都送進私立住宿學府，讓他們受到很好的教育，這對在政治界遭殃而把生活重心轉到家庭的阮頭家來說，可算是塞翁失馬的結局。

阮頭家也參與 1982 年臺灣人公共事務會（The Formosan Association for Public Affairs, FAPA）的成立，它是一個促進國際關注臺灣議題、推動臺灣獨立的組織，曾有「臺獨外交部」之稱，是海外臺獨勢力中具代表性的組織之一。蔡同榮擔任首任會長，阮頭家也被選為中央委員，當時他和黃彰輝牧師用兩星期替臺灣人公共事務會在美國各地做遊說。

2017年10月11日在臺北海霸王餐廳和舊友聚會，上排左起：吳滄洲先生、毛清芬女士、郭榮和夫人、筆者、方建能先生、林文欽先生、吳釗燮夫人；下排左起：羅福全先生、阮頭家、顏錦福先生、郭榮和先生、吳釗燮先生

　　1993 年，阮頭家是最後一名海外黑名單上被解除的人，他回臺灣後拜見舊友黃昭堂、侯榮邦，又碰到當年他在肯薩州執教的同事林茗顯，使他每次回臺都要到臺獨聯盟辦公室報到，後來他也加入爲侯榮邦住養老院募款的基金會，使他覺得和臺獨聯盟再度有點聯繫。

　　阮頭家對臺灣本土及人民的愛惜始終如一，爲了感謝柯喬治對臺灣的貢獻及授權給他翻譯《被出賣的臺灣》，我們於 2015 年 1 月在美國成立「美國柯喬治紀念基金會」，它與臺灣的連結，可閱讀該基金會常務財政長吳滄洲的文章，在本書及我編的《關懷雜集》皆有收錄。

　　我問阮頭家對政治的感想，他認爲政治的報酬

柯喬治（1992年攝於火奴魯魯）

「美國柯喬治紀念基金會」布旗

阮頭家於「美國柯喬治紀念基金會」第一次慰問會
上致詞

《被出賣的台灣》（全譯本）

筆者夫婦（2016年1月9日攝於「美國柯喬治紀念
基金會」第一次慰問會）

阮頭家與胞弟陳榮良醫師（2016年1月9日攝於第一次慰問會）

第一次慰問會與會貴賓，左起：毛清芬女士、羅福全先生

筆者夫婦與前衛出版社林文欽社長（2017年10月7日攝於《關懷雜集》新書發表會）

左起：謝聰敏先生、阮頭家、筆者、鍾逸人先生、藍芸若女士（2017年10月7日攝於《關懷雜集》新書發表會）

（reward）很低，祇有少數人能爬上高階層，其餘過得不如意的政客是屬於「你死好!!!」的族群。我想這是他的心內話吧。

4. 「美國柯喬治紀念基金會」 與臺灣的連結

吳滄洲

柯喬治（George H. Kerr, 1911-1992）又譯喬治‧柯爾或葛超智，係研究臺灣、日本及琉球的專家，曾於 1937 年起在臺北一中（今臺北建國中學）及臺北高校（今臺北師範大學）教授英文。1941 年太平洋戰爭爆發前返美，復於 1946-1947 年來臺任美國駐臺副領事，其間目睹 228 事

吳滄洲先生

件，回美後將國民黨代管臺灣的惡形惡狀刊登於報章上，主張臺灣應讓聯合國託管再經公民自決以解決臺灣歸屬問題。因 1965 年出版《Formosa Betrayed》（被出賣的臺灣），而被國民黨升格為蔣介石的美國第二號敵人。

起因於柯喬治先生常撰文批判國民黨，國民黨遂聘請美國傳教士予以辯駁，雙方打起筆戰，陳榮成教授認同柯喬治先生的論點，反而是傳教士一味替國民

黨辯護有違事實，迫使他一再投稿駁斥傳教士，因此引起柯喬治先生注意，兩人在相知相惜下成為好友。

1966 年 11 月 16 日，陳教授與前臺南市長張燦鍙先生，在美展開開車 8,000 哩鼓吹臺獨的自由長征，到了第一站的舊金山後他們先去拜會柯喬治先生，當時他正在加州大學柏克萊分校教書，他對陳教授等人的臺獨主張十分支持，即將《Formosa Betrayed》授權給陳教授翻譯，期望讓更多臺灣人覺醒。陳教授所譯漢文版《被出賣的臺灣》是柯喬治先生唯一授權，其出版過程經翻譯校對、經費籌措至印刷成冊歷時 6 年半，終於在 1973 年成書。

因當時仍處戒嚴時期，《被出賣的臺灣》無法在臺灣出版，只能在日本及美國流通。在海外，有不少留學生並未親歷 228 事件，這本書讓他們了解這段歷史，不僅觸動人心，更醞釀臺灣意識，進而讓他們支持臺獨運動；在國內，有人祕密引進這本書，讓臺灣人了解 228 事件及國民黨獨裁腐敗的真面目，對黨外人士的選舉也發揮無比的作用，在臺灣民主發展史上擁有深遠的影響力。

連前總統陳

2018年8月10日，前總統陳水扁（左二）與陳教授（左三）相聚晤談（翻攝自陳水扁臉書「新勇哥物語」）

水扁也在臉書「新勇哥物語」表示，2008 年 11 月 11 日被聲押後，他第一時間請家人帶進事前挑好的《被出賣的臺灣》，讓他在禁見房省思臺灣會被誰出賣？而這個問題也在 2018 年 8 月 10 日與陳教授見面後得到解答。

　　陳教授雖然旅居美國，卻是一位真正愛臺灣的正港臺灣人，他將《Formosa Betrayed》漢文版版權，無條件授予臺灣獨立建國聯盟，解嚴後經其主席黃昭堂先生嚴選出版商，最後決定交由林文欽社長主持的前衛出版社，於 1991 年在臺正式發行。林社長專門出刊臺灣文史哲的書籍，有口皆碑，深受本土人士肯定，是其被圈選的原因。臺灣因國民黨的統治，在教育方面對臺灣歷史著墨甚少，這本書遂成為研究臺灣近代史不可或缺的寶貴史料，甚至在傾中的馬英九前總統於 2014 年 9 月 26 日參加「2014 臺灣世界連鎖加盟大展」時，被就讀中山大學的顏銘緯拿它丟擲，而讓它被封為護國神書。

　　陳教授有感於柯喬治先生及其著作對臺灣的貢獻，於 2015 年在美創辦「美國柯喬治紀念基金會」，是辦理捐助在 228 事件與戒嚴時期的政治受難者或其家屬的福利慈善事業，並敦聘其弟陳榮良醫師為董事長，陳醫師秉持「施比受有福」的家訓在美行仁醫仁術，對弱勢者照料有加，常予義診，其行仁仗義的精神在美國僑社頗受稱道。他曾於 2013 年幫助一位發明家街友，經當事人 Mike Williams 在媒體

揭露後，引起美國社會很大的迴響，不只受到加州州長讚揚，美國總統幕僚長更表示：「美國需要更多的陳醫師。」而讓他被譽爲「美國的典範」。這不僅是他個人的榮耀，更是所有臺灣人的榮耀！他曾任中華民國僑務委員、諮詢委員，與加州州長及華府許多議員熟識，目前擔任美國加州沙加緬度（Sacramento）中華會館主席，常協助臺灣政府官員與加州政府官員會晤，如此熱心公益與支持臺灣的陳醫師無疑也是「臺灣的典範」。

2016 年本基金會在臺灣舉行的首次活動能圓滿成功，必須感謝的人之一是「五十年代白色恐怖案件平反促進會」總幹事張瑛珏老師。張老師的家屬在戒嚴時期有十多位受到政治迫害，她大哥甚至因此罹難，至今死因不明，爲查明內情，她集合受難者家屬成立平反促進會並身兼總幹事，除此之外也不斷地關懷高齡的政治受難者，雖然目前已年過 80 歲，仍然不遺餘力的爲政治受難者及家屬服務，其耐力與精神可嘉。由於她的頂眞與熱忱，景美人權博物館視她爲核心諮詢對象。張老師的二哥張碧江先生是陳教授的老師，有共同理念的他們因此有頻繁的互動。白色恐怖受難者都已是高齡老人，在她的調查下，他們的際遇雖各有不同，但大部分人仍過著不如意的生活，不僅被家人排斥，甚至因背負政治犯的罪名無法立足於社會，成爲非常弱勢的一群。

爲了鼓勵他們走出陰影、迎向陽光，本基金會於

2016 年 1 月 9 日，在臺灣國際會館舉辦「戒嚴時期政治受難者慰問會」❶，受邀者出席踴躍，這些多超過 80 歲的受難前輩們多由子孫陪同出席，也讓他們的後代能因此互相認識。今（2017）年適逢 228 七十週年，本基金會復於 2 月 18 日在臺北海霸王餐廳舉辦第 2 次慰問會❷，此次係以餐會方式進行，來參加的受難前輩們相談甚歡，本基金會希望藉此平撫他們的傷痛。

　　除了陳教授與陳醫師，推動本基金會成立的靈魂人物是陳教授夫人陳吳富美女士，所有籌備工作皆由她一手包辦。陳夫人尤其對筋絡的問題有深入研究，因此本基金會在美國不僅常舉辦和臺灣有關的座談，也常舉辦一些健康議題講座，她於 2014 年 12 月出版《Self-Help Acu-Hematite Therapy》至今，在 goodreads.com 已有超過一百萬次的點閱率！而兩次於臺灣舉辦的慰問會，也都是在她的鞭策與指導下圓滿完成。

❶ 第 1 次慰問會於 2016 年 1 月 9 日，在臺北市南京東路 2 段 125 號偉成大樓 4 樓舉行，慰問會以座談方式進行，出席人數 280 人，當中受難者有 125 人，本基金會除致贈每人伴手禮一袋，內有《我所知的四二四事件內情》、《銅屋雜集》、《面對危機的臺灣》（林文欽執行長提供）、一頂帽子（陳榮良董事長提供）、一枝紀念鉛筆及一個便當，再贈受難者每人新臺幣 1,000 元慰問金。

❷ 第 2 次慰問會於 2017 年 2 月 18 日在臺北市中山北路 3 段 59 號 5 樓海霸王餐廳舉行，出席人數 250 人，席開 25 桌，當中受難者 69 人，本基金會除致贈每人伴手禮一袋，內有赤鐵礦石能量磁石（2 顆）、一頂帽子（陳榮良董事長提供）、一枝紀念鉛筆及一片王育德博士紀念 CD（林文欽執行長提供），再贈受難者每人新臺幣 600 元慰問金。

　　另外值得一提的是，慰問會能成功舉辦，除了要感謝張瑛珏老師提供的資料與宣導，前衛出版社林文欽社長對場所的妥善布置與安排，也是很重要的原因。自《被出賣的臺灣》於 1991 年透過前衛出版社在臺灣發行後，林社長一直與陳教授保持很好的互動，之後陳教授的著作《我所知的四二四事件內情》及陳夫人的著作《銅屋雜集》、《 Self-Help Acu-Hematite Therapy 》與《關懷雜集》，也都由前衛出版社出版發行，因此本基金會成立後，陳教授就敦聘林社長為執行長。

　　本人自 1979 年由於業務的關係，與陳教授及陳夫人接觸、相識相知，至今已 40 個年頭，其間陳教授因牽涉到臺獨運動及刺蔣案（細節請參閱陳教授著《我所知的四二四事件內情》），在國民黨的戒嚴體制下，被列入黑名單無法回臺，因而他在臺灣許多業務的聯繫工作由本人負責。直至 1992 年立法院廢除刑法第一百條後，他成為海外黑名單最後一位被解除的人，終能在 1993 年踏入自己國家的土地，這是他自 1962 年赴美留學後第一次回臺。而為了紀念柯喬治先生這位臺灣的恩人，他與其弟陳榮良醫師成立本基金會，並分別於 2016 及 2017 年舉辦慰問會，本人對能參與籌辦感到萬分榮幸，是為記。

5. 嘸聽律師言，被判有罪

　　在鄭自才的巨作第 211 頁阮頭家提到，雷比露斯維特律師叫伊不可出庭作證，但鄭自才不接受他的建議，雷比露斯維特律師祇好盡其所能。

　　阮頭家認爲，伊在法庭上常常答非所問。在伊的巨作第 212 頁，反問陳榮成爲什麼不說如果他不出來作證會是怎樣的結果呢？槍枝是被用來殺人而且他是槍枝的持有者，他不會構成殺人罪嗎？

　　我讀了法院證詞第 611 頁才知法利斯詢問鄭自才時，伊家治說出向阮頭家要槍的第一目的：可能企圖謀殺。法利斯再問伊，伊是否聽到阮頭家的證詞？伊說伊有聽到。法利斯說，阮頭家沒提到這理由，是嗎？伊說伊想阮頭家沒提到。（Q: You told him it was for a possible attempt? A: Yes, that's one of the reasons. Q: Did you hear his testify when he was here? A: Yes. Q: And he didn't mention that, did he? A: I don't think so.）

　　伊一直說，蔡同榮沒告訴伊阮頭家有槍，但在法院證詞第 612 頁，伊向蔡同榮提到伊要阮頭家送槍來。據阮頭家講，他不願送槍給鄭自才，伊打電話催了好幾次，若那兩枝槍是他自己的，連蔡同榮他都不

會借，他和鄭自才又沒深交，怎會把槍借給伊？（Q: Did you tell the president that you were going to call Ron Chen and have him deliver guns? A: After I call, I mentioned to him, yes.）

伊也不承認伊在第 18 派出所向警探 Ziede 說，黃文雄是自己去廣場飯店的口供。

若鄭自才沒有出庭作證，法利斯該去尋找鄭自才要槍的目的，自才自打嘴巴，自動給法利斯資料，因阮頭家證詞說他沒詢問自才要槍的目的。伊向法利斯說黃文雄跟伊一起去；卻向警探 Zeide 說黃文雄是自己去，連這件事都交代不清楚，讀者是陪審員有何看法？

法院證詞第 23 頁說黃文雄於 1971 年 5 月 4 日承認他有罪，那時法庭才開始審判。當時鄭自才不承認有罪，所以副檢察官法利斯要竭盡所能去說服大陪審團鄭自才有罪。他要求陪審團員判鄭自才有罪與否完全要看證據，證據包括證人的證詞及出示的證物。（法院證詞第 905 頁，You are to decide this case, as I have said, on the evidence and on the evidence alone. The evidence consists of the testimony of witnesses and the exhibits which have been mark and received in evidence.）

5 月 17 日星期一下午 2:30，陪審團團員進入陪審席位（Jury Box）並發出放棄澄清的聲明，這份聲明被列爲法庭證物 A。（法院證詞第 918 頁，The jury sent out a note which merely says: "Clarification of abandonment." And it's being marked Court's Exhibit A for identification.）

全體回到大陪審團室後，主席 Mr. William O'Conner 宣告鄭自才有罪，定於 7 月 6 日和黃文雄一起服刑。

次日，《紐約時報》提到副檢察官法利斯提出的證據之一是蔣經國至美訪問的影片。（P68 劃線那一段）

TAIWANESE GUILTY IN FOILED MURDER

By JUAN M. VASQUEZ MAY 18, 1971, page 35

A 33 year old Taiwanese was convicted of attempted murder yesterday in State Supreme Court here for his part in plot to kill the Deputy Premier of Nationalist China.

The intended victim, Chiang Ching kuo, the son and heirapparent of President Chiang Kai shek, was unhurt when gunman fired a pistol at him on April 24, 1970, as he was about to enter the Plaza Hotel to address a luncheon.

A jury of 11 men and one woman deliberated for about two hours before returning guilty verdict against Tzu Tsai Cheng for attempted murder and felonious possession of weapon.

Both he and a co defendant, Peter Huang, were arrested outside the Plaza when the shot was fired at the Deputy'Premier. Both were identified as members of the World United Formosans for Independence, which advocates independence from the rule of the Nationalists, headed by President Chiang.

At the outset or the trial, which began last April 28, Huang pleaded guilty, but Cheng; contended that he had abandoned the original plot to shoot the official.

Among the evidence introduced by the prosecutor, Assistant District Attorney Stephen Fallis, was a television film that showed the Deputy Premier arriving at the hotel and the scuffle that ensued after a shot was fired at him.

Cheng admitted that he had been at the Plaza that day to protest the Nationalist regime and its policies, but he denied knowledge of an imminent assassination plot.

Policemen testified that when the shot was fired and they overpowered Huang, Cheng ran from the sidewalk and sprang into the fray, shouting slogans against the Nationalist Chinese Government.

The defendant denied shouting slogans. He said he had leaped instinctively to the defense of Huang, his brother in-law, and added that he did not then know who had fired the shot.

Justice Harold Baer set July 6 for the sentencing of both men, each of whom is free on $100,000 bail. Attempted murder carries a maximum penalty of 25 years in prison, and the weapons charge a maximum penalty of seven years.

法院證詞第 47 頁，法利斯在他的開場白特別提到，攝影師在蔣經國未到前已到達，示威群眾吸引了他的注意，他將攝影機朝向示威群眾，而有刺殺意圖的黃文雄及鄭自才就在示威群眾中進進出出。可以看到他們交談並看著飯店，觀察他們那時的態度及舉動，他們顯然不知道他們正被監視。（The cameraman was there before Vice-Premier arrived, the pickets attracted his attention. The camera captures, and you will be able to see, Peter Huang and the defendant Tzu-tsai Cheng some time before the actual attempt, when they were across the street with the pickets. You will be able to see them moving in and out among the pickets. You will be able to see them converse and looking over at the hotel. And you will be able to observe their manner and demeanor at that time, when they apparently did not know that they were being watched.）

伊的巨作第 247 頁說：「我怎麼有機會和黃文雄在一起談話、繞圓圈呢？」這是胡說八道！

在法院證詞第 668－669 頁，法利斯真的有架一

臺投影機放影片給陪審團員及在場的人看。（Motion picture projected on screen.）

　　接下來他開始詢問。問：鄭先生，這張照片上的是你和黃文雄嗎？（Q: Mr. Cheng, is this a picture of yourself and Peter Huang?）答：是。（A: Yes.）問：黃文雄不在示威群眾中，是嗎？（Q: And Peter is not on the picket line, is he?）答：不，他不在。（A: Not at that moment, no.）問：我問你，你在示威群眾中嗎？（Q: I ask you are you on the picket line?）答：不，我不在。（A: No, not at that moment.）問：在這裡你看哪個方向？（Q: What direction are you looking in here?）答：我相信看南方。（A: I believe looking south.）問：你有注意到黃文雄的手在他的口袋裡嗎？（Q: Did you notice that Peter's hands were in his pocket, hands were in his pockets?）答：是。（A: Yes.）問：那你注意到了嗎？（Q: Did you notice that then?）答：沒有。（A: No.）問：黃文雄那時有告訴你他要執行謀殺嗎？（Q: Did Peter ever tell you at this point that he was going to perform the assassination attempt?）答：沒有，先生。（A: No, sir.）問：你有沒有問過他？（Q: Did you ever ask him at that point?）答：沒有，先生。（A: No, sir.）

　　2004 年 9 月 26 日，我和阮頭家拜訪鄭自才的律師，當我們提起鄭自才的案件，他猶記得這是三十幾年前的事。說到「Abandonment」這個名詞，他搖頭，一直說陪審團不接受這個理論。雖然他想挽回局勢，但無藥可救。

以下是四二四事件法院判決書的一些摘要。

「大陪審團主席：雷比露斯維特律師，若你已準備就緒，我將請你做結論。雷比露斯維特律師：主席、陪審團先生女士們，這個案件是紐約州人民對鄭自才，這個法律行動是紐約州人民中有財富有權勢者，如警察、助理檢察官、土木工

阮頭家和雷比露斯維特律師（2004年9月26日攝於紐約）

程師、子彈鑑識專家與攝影師對一位普通的市民，這位市民居住於 Jackson Heights 一棟公寓的五樓，和他的妻子及兩個小孩分住四個房間，若有客人來訪，客人沒有客房可住，祇能睡在客廳。他出生於異邦，他的文化跟我們完全不同，他對英文的瞭解有困難，有時他也難於被瞭解。」（法院證詞 718 - 719 頁）

雷比露斯維特律師接著指出被告被控的兩項嚴重罪刑。

「如今，因我們有比較合理的審判制度，他不像在世界一些國家，需要單獨接受審判，但州政府雖給予他一些保護、一些幫助，法利斯先生卻有他的武器、有全紐約州做為他的靠山。

「被告有律師，這不是每個國家都有的，我將為洗清他的罪名盡最大的努力。陪審制度雖不完美，但它是最好的制度，它使陪審員們擔負著巨大的責任。陪審制度的判決必須經由全體同意，所以你們是全世界唯一能判斷這個來自臺灣的外國人究竟有罪或無罪的人。

「被告被控訴兩項罪狀，他被控在去年 4 月 24 日中午企圖謀殺，以及在紐約郡的廣場飯店前攜帶手槍。被告之被控告並不是因為他在當天自己帶槍，但按照我們的法律，幫助、煽動他人犯罪也構成犯罪，顯然，被告是因為幫助、唆使黃文雄企圖謀殺及帶武器而構成犯罪。

「但證據可分為兩種，一種是直接的證據，一種是間接的證據。手槍原本在鄭手上，後來到了黃手上，可以有幾種推論：一、鄭給黃手槍；二、黃偷拿手槍；三、黃找到鄭遺失的手槍；四、鄭買槍給黃。這些都是間接證據。

「關於被告的企圖也要有間接證據來證明，所以你們的職責不僅要考慮到手槍，也該考慮其他的事實。

「讓我們分析這案件的事實。它是不平凡的案件，它的每個證人都是誠實的。到目前為止，我們已看過一年前在廣場飯店前的影片八次或十次，可以看到當時的場面非常混亂。人們估計的時間及距離都有差異，在場的人由於語言的困難，在警察局或其他地方，不明白警方所問的也答不清楚，因而造成這案件

在證人作證時最大的矛盾——警探 Ziede 說他有審問鄭，鄭說警探 Ziede 沒有審問他。

「被告雖被控有罪，他原不必站在這裡講出一切，但他是個老實人，他是自願站上證人席，並且發誓所說皆為事實。

「他承認他想出謀殺蔣經國的主意，雖然黃文雄已犯罪，他可以推卸責任說那是黃文雄的主意，反正黃已犯罪；或他也可推卸責任說那是陳（陳榮成）的主意，因陳已被赦免。但他沒有那樣做，他正直、誠懇地承認是他的主意。（法院證詞第 737 頁）他承認在皇后區他擁有這些手槍。

「他原不必承認這些事，他也不必站上證人席，但他卻這樣做，是因為他誠心想告訴你們一切實情。

「他還承認另一件很重要的事情——他有殺死蔣經國的動機。（法院證詞第 738 頁）」

雷比露斯維特律師也提到，賴文雄及鄭自才的太太都自動到法院作證。

「被告是推翻蔣經國及蔣介石組織的執行祕書長。他或賴文雄（雷比露斯維特律師記不清楚）認為蔣經國像一條毒蛇，他們很想毀滅這個暴君。

「蔣經國將來美，讓他萌生殺蔣的念頭。他與兩位最親近的朋友討論這件事，黃文雄說這是個好主意；賴文雄卻說這是個腐壞的主意。在他無法確定討論的結果之際，他剛好有機會拿到兩枝手槍及子彈。

「他要求陳將兩枝槍帶上來放在他的家裡。兩極

的論調加上他自己的猶疑，讓他於事件發生前的星期三晚上，和賴、黃聚會討論這件事情。

「你們已聽到賴文雄的證詞。他沒說他認為蔣經國是好傢伙而不要謀殺他。他說蔣經國是暴君，應將他置於死地。但從政治觀點而言，這是很壞的做法。若要推翻他的霸道及專權主義，應該在臺灣幹而不是在美國幹。若在美國謀殺蔣經國會傷害他們在美國的目標，美國人民會對他們起反感，所以這件事該在臺灣做，應讓島內人從事革命，而不是他們在美國做。

（法院證詞第 743 頁）

「賴文雄說服鄭自才，賴是對的。若島內人們未準備就緒，國外的謀殺無法激起革命。會後，三人都同意不應去做，但很顯然黃文雄未改變他的心意，或是他根本心裡不贊成。無論如何，黃文雄還是做了。

「被告駕車，沒帶武器，只帶宣傳單及妻子到廣場飯店前示威。當蔣經國來臨時，他站在角落遞宣傳單。他很激動，跟著載蔣經國的車子跑，沒帶槍、沒帶武器、沒帶刀，祇帶宣傳單，對他的敵人喊口號。

「警察們推他退後一些，他仍站在人行道旁喊口號，當蔣經國走上臺階。他站在那兒，然後他聽到槍聲就向槍聲的方向奔跑。

「為什麼他向槍聲的方向奔跑？我不知道，很多人向槍聲跑。但我可斷言，有罪的人一定會在群眾中消失，不會趕到前面去。

「無論如何，他跑上臺階。他看到黃文雄，他下

意識企圖幫忙黃文雄。在十個警察壓制下，矮小的他顯然幫不了黃文雄的忙。他被抓，被警察打得頭破血流，眼鏡破碎，他沒法認清哪個警察打他。他被送到醫院，最後他出現在這裡。

「最後，我要提出幾點：第一點、關於謀殺這件事。被告因持有謀殺蔣經國的槍而被控為謀殺者。而在 1944 年 7 月 20 日，有一群人企圖暗殺希特勒，可惜沒成功。若謀殺成功，相信我和大陪審團的各位一定歡天喜地，雖然這是謀殺。蔣經國這個人和希特勒相似，所以被告不必對渴望殺蔣而道歉。

「第二點、我要反駁幾個對他不利的證據，也就是他有謀殺企圖的證據，我將提到幾個情況使你們認為他無罪。首先，在發生謀殺事件的廣場飯店，鄭沒帶武器。我們都知道他有槍，在他家壁櫃內有點 22 口徑的槍與子彈，但他並沒有帶。

「假設你們要謀殺人，你們知道有很多警察。你們有兩枝槍，你們會帶宣傳單還是手槍到謀殺現場？他是把點 22 口徑的槍留在家，不僅如此，他還帶他太太前往謀殺現場。

「我不是鑑識謀殺案的專家，但總統的謀殺案及歷史上的謀殺或企圖謀殺，我不記得看過有帶太太去看謀殺案的。假若我有謀殺的計畫，我一定不會和太太說：『和我一起來，妳的哥哥或我會被殺。可能有點刺激及麻煩，但無論如何，請跟我來看這事件。』這麼說不是很可笑嗎！

「被告當時是站在人行道發傳單。他聽到槍聲立刻跑上臺階。我剛剛說過，謀殺者會悄悄背地裡反向走掉，但那時他卻跑上臺階。他跑上臺階，是想知道發生什麼事情。這是他不知謀殺的加添證據。

「關於令人難解的星期三在 Westchester 購買子彈的行程，被告說因為他想避開三歲小孩的喧鬧及思考當晚要解決的困難政治問題。他購買點 22 口徑手槍的子彈卻沒用它。他無法理解也無法解釋，為什麼自己會做購買子彈這件奇怪的事，我提過我們偶爾會做不合理、無法解釋的事情，但這並不能代表我們有犯企圖謀殺罪。

「我可預想到法利斯將嘲諷被告曾在星期三晚上取消謀殺這件事，因為他的職務就是相信每位在法庭的受審者都有罪。我想他會非常有效的指出被告在廣場飯店前的各種不同姿勢，而你們的判決可以決定一切。」

我覺得雷比露斯維特律師對大陪審團所做的結論非常動聽，但結果卻沒有一個陪審團團員投鄭自才無罪，或許是一張圖片勝過千言萬語。（A picture is worth a thousand words.）陪審團團員都相信他們看到的法利斯提供的影片，因而斷定鄭自才沒有放棄謀殺。

總而言之，鄭自才被判有罪是因為伊家治的證詞以及無意中的行動，才會被法利斯拿到證據，The corroboration was supplied in large part by Cheng himself. 因為伊家治在很大程度上自願提供了有確切

事實來源的證據，才會讓所有陪審團團員都同意法利斯的說法。

6. 因果關係

　　拜讀吳三連臺灣史料基金會所寫的《海外臺灣人專輯──陳榮成》，講到阮頭家於「424刺蔣事件」發生後，聯盟同志間的指責攻訐使他感到孤立無援，自此漸漸與聯盟疏遠。阮頭家的生活重心轉往家庭，我家成為擁有三女一男的幸福家庭，目前兒女皆已成家立業。使我想到有一天和已故鄭樹榮的太太Amy吃中飯，她說陳太太您很會教子，我告訴她，不僅我的大嫂說我不會教子，甚至阮頭家也這麼想，因為我的小孩沒有一個上有名的大學，不過我的紫微斗數（即人的命運，人出生時的星相能決定人的一生）中的子女宮是一個圓圈，Amy問我是什麼意思，我說這相當於甲等，Amy好像發現新大陸向我喊道：「那麼妳的小孩是託妳的福。」我覺得這解釋很有道理，也讓我自我感覺良好，回家趕快向阮頭家報告，當然阮頭家不信這套。Amy又說子女是債，若生到壞孩子是來討債，生到好孩子是來還債，無債不來，有債方來。Amy是基督教徒，她的說法我半信半疑，但管他三七二十一，我知道我有四個很愛我的孩子就夠了。

　　我一向相信因果關係，每一件事情的發生都有

筆者全家福（2000年攝於華府華盛頓）

它的原因，然後產生好或壞的結果，古人說：「種瓜得瓜，種豆得豆。」養育孩子也是一樣，要到他們成人才知道父母對他們教養的成果。像我的第一本書《銅屋雜集》，也是因為我的作文從小學到高中常入選，雖然大學都在遊山玩水而不曾提筆，到美國後也沒想到寫作。不過2003年北美洲臺灣婦女會要各分區提供文章在《臺灣公論報》「點心擔」刊登，陳香梅認為我剛做祖母，該寫寫我的心得，這個因緣產生了我的拙作。還有阮頭家是得到《被出賣的臺灣》作者柯喬治唯一授權翻譯中文版的人，他一直想為柯喬治做點事，終於在2015年1月申請到免稅的「美國柯喬治紀念基金會」，並於2016年1月9日在臺北舉行「戒嚴時期政治受難者慰問會」，獲得熱烈回響；2017年是228五十週年，他決定再辦慰問會。2017年2月18日，第二次慰問會在海霸王餐廳舉行，席開25桌，讓受難者及其家屬能一齊暢談，這些都是我經驗見證的因果關係。

　　我根本沒想到因果關係牽涉到前世今生那麼深

遠，只偶爾聽到阮頭家提到他的阿姨常說翁仔某是相欠債，我結婚 13 年時曾想過既然債務已還清，該是離婚的時候。在一個偶然的機會，聽到施寄青（1947.1.3-2015.1.13，享年 68 歲）在電視臺的言論，她的耀眼頭銜很多，是著名作家、麻辣老師，1996 年參選中華民國總統，被稱爲「通靈終結者」（幫人看前世今生）。

她看過自己前世今生的結果後得知，人會相遇絕對有原因，世上沒有一件事是偶然，圍繞在我們身邊的許多人，幾乎都和我們有著深厚的因緣，我們都有感情的債，她認爲人與人是久別相逢，夫妻是前緣，有善緣、有惡緣，無緣不合，若夫妻和諧是善緣，夫妻不和是惡緣，離婚是了緣。所以我認爲阮頭家將近五十年被鄭自才罵得那麼凶（請見〈7. 伊的巨作裡的陳榮成〉），被鄭自才用「不利的證詞」抹黑的歹運，可能和前世有關。

阮頭家對於小孩們對他很孝順非常感激。三個女兒都住在波士頓，大女兒素亞負責記他看醫生的時間表，每次看醫生都有一

筆者的大女兒素亞於2016年聖誕節左右購買此房屋

個女兒在旁和醫生溝通，所以他的健康情形有比較改善。大女兒嫁做醫生娘，除了住在有游泳池、網球場

2015年11月3日，筆者的二女兒糖亞於波士頓舉行服裝設計秀

糖亞和賓梅立克合作的第二本童書

的大房屋，還做房東娘。

　　二女兒糖亞本來是牙科醫生，因她的興趣很廣泛，最後當了服裝設計師、電視主持人 ❶、慈善機構如博物館、波士頓芭蕾舞團等募款的主持人，最近還和二女婿寫了兩本童書。二女婿賓梅立克從小就喜歡寫作，他的父親當過馬立蘭州（Maryland）州立大學醫學院院長，對於他要當作家非常反對，認為他該當律師或學者。還好他的母親很支持他，當他哈佛大學畢業，一度以當餐廳侍者（waiter）維持生活時，他的母親即不管他的父親反對，給予他經濟上的支持，讓他有時間寫作，終於成為《紐約時報》榜上暢銷書的作者。二女婿曾告訴我，天下哪有可以讓人做喜歡的工作又賺錢這麼好的事，在這方面他自認為已算是個很幸運的人了。

❶ 關於二女兒糖亞主持的電視節目，可到 dirtywatermedia.com/tonya mezrich 瀏覽。

　　再說到我家的兒子奧利佛，做夢也沒想到他會變成一個假醫生（Medical Doctor, MD）。2014 年 10 月 27 日，他被和華爾街有關的 Cowen Group, Inc. 僱用，頭銜是董事總經理（Managing Director, MD），那時他才 36 歲，就僥倖擠入美國最富的 1% 族群，讓阮頭家喜洋洋，常向我說奧利佛的薪水超過一家有 3 個兒女當醫生的總所得，因為現在醫生的薪水普遍下降。連當放射科醫生的大女婿也不服氣，常向大女兒埋怨奧利佛怎麼可以賺那麼多錢！

　　奧利佛這孩子不是讀書的材料，但他在電腦方面頗有天分，小學三年級就能讀電腦的手冊、操縱電腦。讀六年級時，連女導師有電腦方面的問題也要請教他。有一次親師座談會，該老師誇獎奧利佛在電腦方面的傑出，但他寫字和讀書都很草率，只能給他乙等。他一點也不像他的兩位姐姐那樣成績名列前茅。聽完老師的評估，回家後，我非常氣餒，心想，這孩子若留在這鄉下念完八年級，九年級再申請住校的私立學校一定不會被錄取，他的前途恐無亮。除搖頭外，也想不到解決的方式。

　　那年暑假，二女兒由私立高中回家渡假，這期間她問我，有無意願讓奧利佛提早到私立中學就讀？因為她為學校當親善大使時，曾招待一間專門收男生的私立中學，該校學生非常有禮貌，還寫感謝信給她。聽完後我心想，對了！這就是奧利佛該去的地方！但阮頭家認為家裡財力不夠，我說由我個人支付後他才

勉強同意。當然我也嘸甘讓奧利佛這麼小就離鄉背井，親戚朋友也非常反對，但這個決定卻讓他學會很多技能。因為該校是通才

奧利佛上Bloomberg電視臺接受訪問

教育，我鼓勵他學習印刷、照相、設計圖表，學校也開了投資學，這些課程讓他念大學時選擇了商學系。在嚴格的英文教授指導下，他的每篇文章是寫了再改改了再寫，一點也不馬虎！因英文教授很欣賞他，要他改念英文系，他打電話詢問我的意見，我告訴他，若他想當高中英文老師可以轉系，最後他主修商學系副修英文系，所以他擅長寫英文履歷，他大學剛畢業第一個工作的薪水就和一般碩士畢業生相等。

他在 LSE 求學時，大二暑假期間所購買的股票已使他成為小富翁，回美前，他已有財力為自己特製 3 套手工裁縫西裝。當時我笑他，若能猜準二家公司的股票就能在證券市場立足。想不到他現在真的成為 Macy、Tiffany、Wal-Mart、Costco、Target、Gaps、JC Penney、Coach、Lululemon、Urban Outfitters、Michael Kors、Sothebys 等 33 家大公司的分析師，替這些公司預測股價並提出讓股價增值的改善建議。因此股票市場一有動靜，電視臺就會訪

問他，有時他一天要跑 3 家電視臺，他已是 CNBC、Fox、Bloomberg 等電視臺的常客，《紐約時報》、《華爾街日報》、《英國經濟時報》，甚至加拿大的《經濟報》及電視臺都爭先登出他的分析或結論。

因為從小就受到二女兒愛水的耳濡目染，他也非常愛水，常常在鏡子前照他的臉，我勸告他：「第一印象當然很重要，但你又不是要當明星，男明星就算英俊瀟灑，演技不好也很快會被淘汰，充實內在的智慧較要緊。」有一天，奧利佛和我說他已不再那麼重視外表，我暗喜，認為這孩子有救！他也酷愛奢侈品，當他在沃爾頓商學院（The Wharton School）念書時首創奢侈俱樂部，畢業時，學校還特別刻獎牌給他。他在花旗銀行股票研究部當副總裁時，建議創設專門研究奢侈品零售商公司股票的部門，讓他在 2013 年被稱為這行裡新升的明星（A rising star of Wall Street Research）。沃爾頓商學院不但三不五時請他回校演講，他也當該校畢業典禮籌備會的董事。對他來說，在證券研究部門掌管百貨公司、奢侈品公司等公司的股票行情那是如魚得水。

奧利佛於 2018 年 10 月初打電話給我，非常興奮的向我說，他接到來自華盛頓首府通知他得獎的電話。我問他是否是從白宮發出的消息，他說不是。後來才知道是國家零售聯盟（National Retail Federation）發出的消息。它是世界最大的零售商人協會，每年由會員依照 Disruptors、Dreamers、Givers、

Influencers、Power Players 五個項日,每項選出五名改變零售的新星(game changers in retail and rising stars),每年共選出 25 名。該聯盟總部設於華盛頓首府。

奧利佛是榮獲 2019 年對零售最具影響力獎(Influencers),我們夫婦則被邀請參加該聯盟 2019 年 1 月 13 日將於紐約市舉行的晚宴及頒獎典禮,兒子的成就讓阮頭家及我都與有榮焉。

阮頭家來美專攻政治學,但他淵博的政治學識,卻因鄭自才的惡意抹黑被打進冷宮,算是學不致用,幸好他的孩子們,甚至男外孫阿雪兒(Asher)也開始當起電視廣告的模特兒,使阮頭家及我也能沾沾光。

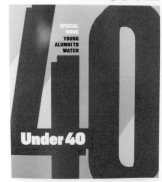

奧利佛榮登2017年《沃爾頓商學院雜誌》40名40歲以下傑出校友

筆者與阿雪兒,阿雪兒拿著由他擔任男模特兒的「Toilet Trouble Game」的盒子

7. 伊的巨作裡的陳榮成

鄭自才及張文隆用超過三個年頭才重建了假象的史實，將阮頭家形容得像變色龍、七面鳥（日本人稱火雞為七面鳥，因為牠的肉瘤及肉瓣會變色），他們絞盡腦汁、苦思冥想、顛倒是非，以為這樣能增加伊巨作的銷路，結果是彰顯伊巨作黑白講的特色，讓讀者看破伊的手腳。阮頭家真衰小（倒霉），變成伊的靶子、飽受荼毒。若伊向所有臺灣人表明伊的棄保而逃是因為牢獄不安全，大家也會原諒伊，偏偏伊不敢。

有電視節目認為伊在新書座談會上對阮頭家的控訴會是熱門話題，讓伊上節目接受訪問。看了節目後，阮頭家認為伊的書該改名叫「刺陳」，因為該書有百分之五十是在攻擊他寫的《我所知的四二四事件內情》，另外百分之五十是伊家治創造的要對讀者或歷史交代的假象事實，我摘錄一些內容，當然這些只是九牛一毛。

第202頁：陳榮成自我吹捧到語無倫次忘掉自己是誰！

第204頁：這是多麼幼稚的說詞，陳榮成是智障嗎？

第 209 - 210 頁：陳榮成自己當污點證人 ❶ 不說，
又要當辯護律師，又要當檢察官，說來說去總是在自
圓其說。

第 212 頁：陳榮成不懂法律只會信口開河。陳榮
成是在胡言亂語，我們棄保逃亡就是不願意在美國坐
牢，而是要把臺獨的戰線拉長。陳榮成是無法洗掉他
為檢方作證的污名。

第 213 頁：陳榮成在扮演警察的角色，說我在警
察局担承我犯案。是嗎！

第 215 頁：陳榮成又在胡說八道。刺蔣案是黃文
雄以及鄭自才被起訴。蔡同榮及臺獨聯盟並沒有被起
訴，為什麼檢察官要抓蔡同榮呢？陳榮成是用盡辦法
要醜化刺蔣案。

第 217 頁：我是聯盟的執行祕書，當時並沒有所
謂「移交海外組織部的任務」這回事，同時蔡同榮也
沒跟我說陳榮成有槍。……這個說辭根本就是陳榮成
自己編造出來的謊言。

第 220 頁：陳榮成是在裝傻，新聞報導那麼大，
他會不知道槍手是誰？

第 221 頁：說謊也需要打草稿啊！……這是鬼故
事，用意是在醜化及打擊別人。陳榮成真是充分發揮
他的想像力！

第 223 頁：以上的敘述，甚至他的整本書從頭到

❶ 阮頭家說他只聽過「國家證人」（state witness），「污點證人」連聽都
沒聽過。

尾都是以謊言在抹黑鄭自才，來合理化他做污點證人的行為。

第 225 - 226 頁：首先，蔡同榮從來沒跟我提及陳榮成有槍。其次，陳榮成和蔡同榮明明對我們的計劃心知肚明，竟然給我們的是登記有案的合法槍枝。

第 235 頁：我不得不佩服陳榮成的厚顏無恥。

第 237 頁：陳榮成出來作證，對我的訴訟是最致命的傷害。如果沒有陳榮成做證人，法利斯就很難說服陪審團判我有罪。

第 240 頁：陳榮成的證詞，讓我無脫身的餘地。

第 244 頁：陳榮成從頭到尾都在自圓其說，唯一可以證明我有罪的就是他交給我的那把槍，如此而已，其他都是不重要的。

第 246 頁：陳榮成自己出賣同志，還意圖牽拖到黃文雄身上。

第 248 頁：陳榮成想太多了吧！我取得瑞典的政治庇護後，可以出來公開活動，美國駐瑞典大使館怎麼會不知道？

第 251 頁：第三，陳榮成的動機與目的是要徹頭徹尾的掩蓋他作為污點證人的事實，以及他在自願出庭作證的文件上簽名，來換取他的免訴權。這也是他人生的污點，所以他要想盡一切辦法甚至寫了一本書，從頭到尾在醜化鄭自才，來誤導讀者，鄭自才被判有罪不是因為他出來作證，而是鄭自才自己做出來的。他從來不反省自己為什麼他所購買的槍枝被用來

做刺蔣的武器，爲什麼他沒有被起訴！

　　第 252 頁：「鄭自才對我無理的控訴，我也不去計較。」陳榮成出賣同志的罪證確鑿，是他自己不敢回應，而非不去計較。

　　《被出賣的臺灣》初版因郭榮桔出最多錢，所以他當發行人。我曾親眼看到阮頭家在他主譯的《被出賣的臺灣》題有「獻給鄭自才、黃文雄兩位志士」，但後來鄭自才演出控訴阮頭家的「不利證詞，使他棄保而逃」，1973 年 12 月 25 日，《被出賣的臺灣》由日本東京玉山學舍出版時，書內已沒有此題獻。

陳榮成的話

有人說，鄭自才希望我不要出庭，要我去逃亡！
問題是就算我逃亡變成通緝犯，也於事無補，因
為4月24日當天鄭自才已被副檢察官法利斯抓到很
多把柄。

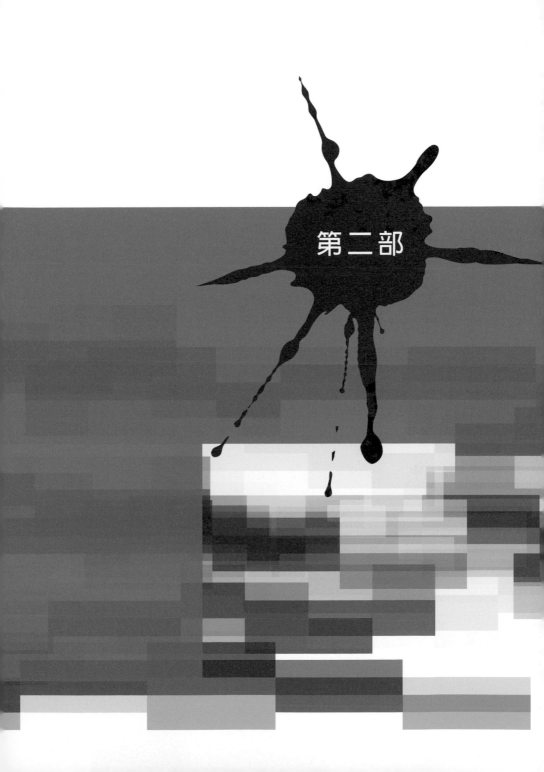

第二部

8. 講故事

　　1966 年 6 月全美臺灣獨立聯盟於費城成立，設立執行委員會及中央委員會。由陳以德出任第一屆執行委員主席並兼外交部長。周烒明當中央委員會委員長，由張燦鍙及賴文雄負責組織部工作，所有地區的負責人有劉伯信（東部）、林臺（中北部）、游雄二（西部）、許正義（中南部），許正義也和徬徨、李騰俊負責出版。由於不便出示眞實姓名，陳以德替我命名爲「許正義」。

　　陳以德搬到俄亥俄州後漸漸把棒子交出來，故全美臺灣獨立聯盟的第二任主席由王人紀出掌，在他的任期內，他積極募款，不但將積欠的印刷費還清，還剩下不少活動基金。王人紀是臺南市人，家裡經營紡織。他於臺南一中畢業時，和盧主義同時趕上未服役的高中畢業生被准許出國留學的特別列車，相傳是陳誠爲提早送陳履安到美國讀書而修改留學法令。

　　1969 年 7 月 4 日於芝加哥附近召開第二屆盟員大會，並改選第三任主席。張燦鍙、羅福全及我等人支持蔡同榮出來當主席，而王秋森等人則支持專職人員賴文雄，結果蔡同榮高票當選。張燦鍙及陳隆志當副

主席，陳隆志又兼外交部長，鄭自才爲執行祕書。蔡同榮負責的海外聯絡職責改由我承擔，海外聯絡組掌管聯盟和日本、臺灣、巴西、歐洲及加拿大的聯絡，在我手下的工作人員有莊秋雄、邱義昌及蔡武雄等，他們利用船員攜帶禁書回臺。如《蔣經國竊國記》及陳隆志的《臺灣獨立與建國》，發給島內盟員傳閱，或投入郵筒給欲吸收爲盟員的各大學校畢業生。

　　蔡同榮、張燦鍙及我常常在一起談論到，當時任行政院副院長的蔣經國一定會自昇爲總統。斬草除根的方法祇有讓蔣經國消失，他就不能高高在上，欺壓臺灣人，我們認爲不能紙上談兵，要有實際的行動，但談何容易？三人討論後決定派我到巴西物色槍手，同時我也專心委託臺灣的盟員調查蔣經國的日常行動。我一直認爲要置白色恐怖劊子手蔣經國於死地，應該讓他在他執行白色恐怖的地點被槍決。我堅信這個觀念，近五十幾年來從未改變。

　　1960 年代，臺灣人約有三至五萬人移民巴西，在人數上可說是獨立聯盟吸收盟員的好地方。我是臺灣獨立聯盟第一位涉足巴西的盟員。1969 年 7 月我到巴西訪問四十五天，結織許多關心臺灣前途的各色人物。我在巴西共找到六位認爲臺灣應獨立的年輕人，他們志願來美國受訓。我組成巴西獨立聯盟，周叔夜任第一屆主席，周叔夜是臺南人，臺灣成功大學土木工程系畢業。後來他變成張燦鍙的左右手，1991 年 12 月 7 日，張燦鍙從日本搭機闖關回臺，在

機場被捕。周叔夜、毛清芬及何康美,分別在南、北「人權之夜」現身。2008 年周叔夜任駐巴西代表處的代表。

因我所教的大學派我到 Fort Polk 的美國陸軍軍營教課,剛好我的學生中有一位當過越南特工隊士官長,當年在越南訓練游擊隊。這位士官長可以訓練槍手,於是徵得蔡同榮的同意,我用聯盟的錢購買兩枝手槍準備訓練槍手。

1969 年 11 月,我接到蔡同榮的電話,他提及蔣經國將訪美,聯盟應該有所行動。那時我剛從巴西回來,覺得時機、槍手都不成熟,誰要執行刺蔣的工作都不確定,所以從開始我就懷疑成功率,而且我不贊成在美國做違法的舉動。他卻說若我不照他的話做,就要把我的海外聯絡組職位轉給他人負責。其實我跟蔡同榮的想法和意見很不同,從王文宏在他的《刺蔣,鎮山》書裡提及蔡同榮要他和我聯絡,就同一時期在洛杉磯代號「鎮山」的刺蔣行動互通有無,王文宏卻沒與我聯絡這件事可知。

1970 年初,我接到組織撥給我的一筆海外活動費用。1970 年 2 月 28 日,我在離我住處七十英里處購入一枝點 25 caliber Beretta 槍及子彈一盒（50 粒子彈）,登記號碼 G42964。3 月 2 日我在所居住小城的 Gibson Discount Store 再購入一枝點 22 caliber Beretta 槍及子彈一盒（50 粒子彈）,登記號碼 39445。我將購槍的事告訴蔡同榮,所以聯盟祇有蔡同榮知道

我有兩枝手槍。

當時鄭自才高居執行祕書，可算是蔡同榮的得力助手，可能他和鄭自才商談，鄭自才也認爲蔣經國訪問紐約是個刺殺的良機。

1970 年 3 月鄭自才來電，說明他將承擔海外組織部的任務，要我交回所有的文件，包括這兩枝聯盟出錢的手槍。很明顯的，蔡同榮和鄭自才說我有兩枝手槍。我當時非常擔心（concern），恐怕會發生問題，因此不願交出這兩枝手槍，但鄭自才來電催了好幾次，我心想這是用聯盟的錢買的，應該完璧歸趙。如果聯盟眞的如此決定，我祇好遵行。若鄭自才當時不是執行祕書而槍是我自己的，我會把槍交給他嗎？對刺蔣這個行動我應該去買黑槍，這是鄭自才家治的歪思想。

1970 年 4 月 16 日我乘坐 Delta Airlines 到紐約，鄭自才到機場接我，當晚我下榻他家客廳。我將所有文件及兩枝手槍交給他，反復叮嚀他這兩枝手槍有登記，除了做練習用，不可做其他用途。我示範手槍的用法，同時交出一盒 30 粒子彈、一盒 40 粒子彈。4月 18 日回路州，告別我熟悉的兩枝手槍。

回路州後我沒跟鄭自才有聯絡，他們也沒傳來任何消息，我是在電視上看到新聞才知刺蔣已發生。

4 月 29 日，我大女兒素亞出生。5 月，424 當天抓住黃文雄的警察 Ziede 在路州警察陪同下到我的辦公室找我，我才知道鄭自才完全沒聽我的警告，竟然

用有登記的手槍作案。

替鄭自才的《刺蔣》寫跋的張英哲醫師，在該書的第339頁提到：「鄭自才當時雖然是臺灣獨立建國聯盟的盟員，並且擔任世界臺獨聯盟的執行祕書。然而他在本回憶錄裡一再強調，刺殺蔣經國的行動與臺獨聯盟全然無關。那麼，刺殺蔣經國的歷史意義是什麼？」

蔡同榮經常和人談論刺蔣這件事，他一點也不怕。關於424刺蔣案他要負最大的責任，他先建議我去做，我拒絕就要削我的權，改要鄭自才神祕的、悄悄的去做。他對鄭自才的行動細節沒有百分之百參與但非常關心，所以當我繳槍給鄭自才後，蔡同榮才會悄悄問我：「這個鄭自才，不知能否說服黃文雄去做這件事？」我只能跟他說：「我不知也。」蔡同榮生前被訪問時也說這是經過內部商量，不是臨時起意，反正死人無法度相諍（沒辦法爭辯），但我知、蔡同榮知，刺蔣大原則組織有參與（involved），這是事實。

鄭自才在他的書中第300頁，把2000年4月23日在臺灣國際會館辦的「重建臺灣歷史記憶：『4‧24刺蔣事件』與臺灣座談會紀實」中，辜寬敏的致詞斷章取義，想以此證明刺蔣事件和聯盟沒有關係，唯一的關係就是黃文雄和他在事件發生時都是聯盟的成員。以下是辜寬敏的完整致詞稿，誰是誰非，請讀者自行判斷。

辜寬敏：「臺灣獨立聯盟，當時是以美國做為總

本部，總本部成立以前，臺灣獨立運動的中心是在東京。東京的臺獨運動，是由《臺灣青年》發展到臺灣獨立聯盟。4‧24事件之後，臺灣的報紙批評臺獨分子是暴力，說臺獨運動是暴力運動。因為報紙這樣報導，想要讓一般社會大眾了解當時海外臺灣青年的思想、理念，有很多的困難，所以有一段時期，就說這個事件和聯盟沒有關係。不過我覺得，說這跟聯盟沒有關係，在歷史上沒辦法交代，這是跟聯盟有關係的。我當時是聯盟在東京本部的主席，這個事件發生以前，美國的主席蔡同榮來東京，他有提起過這個事情，和我商量過，我也贊成。所以對這個歷史事件，以前大家合流說跟聯盟沒關係，這是很對不起他們兩位，這跟聯盟是有關係的。

當時聯盟的性質，不是像現在的民進黨、建國黨，當時海外組織是革命組織，不是民主組織，也不是政治組織、團體。革命組織要達成革命的目的，不是說不擇手段，不過，手段是第二、第三層次的問題，道德也好，和平的手段……種種，在革命團體裏，為了達到革命目的，這些都是次要的問題。而這個事件的意義，剛才在影片中賴文雄先生有說到，鄭自才先生也講了，特別是自才兄他妹妹講的那幾句話，她說，這不是很大的事件，不過對臺灣的青年、對臺灣的社會造成很大的刺激，讓大家覺醒：為何這個狀元，最優秀的臺灣青年，會採取這種行動？至於後來聯盟的處理不太適當，這是因為經驗不足，讓很

多人很困擾，對於這點，我現在以當時負責人之一的身分，利用這個機會向大家道歉，謝謝。」

9. 《刺蔣：鄭自才回憶錄》分析

　　讀者若讀鄭自才這本冊，不知會對他的心態及他對每個人的評論有何感想？424 事件牽涉到的關係人物如賴文雄（生於 1932 年，2012 年 12 月 22 日於臺中逝世，享年 80 歲）、蔡同榮（生於 1935 年，2014 年 1 月 11 日逝世，享年 79 歲）及黃晴美（生於 1939 年，2018 年 1 月 30 日逝世，享年 79 歲）已先後作古，死人沒相諍，也無辦法表達己見。我祇將他對我的評論簡略分析，讀者若有疑問或對此事件有興趣，可 e-mail: fumeichenla@gmail.com，大家作伙研究以探索出事實的真相，使我這本書再版時，有更豐富、更真實的資料，能將事實真相公諸於世界各地，留給子子孫孫熱愛臺灣這塊寶島的人。以下是我的個人分析，供讀者參考及評論。

　　刺蔣這本冊講（號稱）是鄭自才、張文隆合著。照實講，張文隆是不是像文抄公或像講話的鸚歌（鸚鵡），當鄭自才家治烏白講，張先生馬上一字一字的筆錄，他還得意洋洋的在冊的底頁，告訴讀者他花了超過三個年頭做口述訪問、資料研讀、組織整理、史實重建……老實說，他對 424 的來龍去脈並沒有深入瞭解，比如 424 事件前後關聯的線索或 424 事件的真

正前因後果，可能鄭自才也沒給他很多參考資料。鄭自才邊講邊罵的口述法，張先生也不去深入研究被罵的「陳榮成」是何許人物？他也沒考慮「我們棄保逃亡就是不願意在美國坐牢，而是要把臺獨的戰線拉長」（巨作《刺蔣：鄭自才回憶錄》第 212 頁）是真的嗎？

　　鄭自才驚人講他為啥物要棄保出走？1971 年 7 月，在俄亥俄州的丹尼森大學（Denison University of Granville, OH）由已故鐘桂榮教授召開的第三次「盟員大會」中，就由王秋森做他的代言人第一次控訴我。

　　開會前，彭明敏老師曾打電話警告我，說鄭自才棄保逃亡，王秋森將做鄭自才的代言人，要在大會控訴我。果然，王秋森在大會宣告，由於我出庭作證，對鄭自才的官司相當不利，可能判重刑，於是鄭自才、黃文雄決定棄保逃亡。從此「不利的證詞」這頂帽子就被鄭自才往我頭上戴，「不利的證詞」也是他每次接受電視臺或報紙刊物訪問講到「424 事件」時，永遠而且最主要的話題。這本冊是他第一本家治寫的，可能嘛是最後一本。這本冊內他對我的證詞評論說：「讓我無脫身的餘地。」（《刺蔣：鄭自才回憶錄》第 240 頁）但在法院證詞第 251 頁，法官說明：「現在祇承認這證人購買一枝手槍，將手槍繳給被告，如此而已。」（The Court: It's only admitted now as the pistol that this witness purchased and turned over to the defendant, that's all.）

　　他整本冊說我是污點證人，但我一直不明白他

為什麼自己要出來作證，又講出他有謀殺蔣經國的意圖，祇是最後五分鐘（4月22日星期三晚上和賴文雄談話，賴文雄建議他放棄這個謀殺的意圖）聽賴文雄的忠言而放棄。

其實他家治心裡明白，他被法利斯在4月24日當天獲得很多能構成他是嫌疑犯的證據，他祇好乾脆承認他要我拿槍給他的第一理由是要謀殺蔣經國。他被判有罪，他家治不承認錯誤是家治造成的而一直推到我的身上，將近五十年來都把畏罪潛逃的擔子由我獨擔。讀者若讀他的《刺蔣》一書，會讀到我說他有謀殺的企圖嗎？我根本也沒涉及到刺蔣的行動，是他們一家人偷偷摸摸商量刺蔣的計畫，最後也請賴文雄參與，祇是鄭自才當時是執行祕書，而我奉行公事，原璧歸趙把槍交給他而已，因槍枝是用聯盟的錢購買的，聯盟有所有權，本來槍枝不是準備要拿去殺人的，初步計畫是要用在路易安那州訓練槍手，我也跟鄭自才講明槍枝是登記在案的，他在《刺蔣》一書卻完全否認這件事，還好我仍有機會讓讀者知悉這欺瞞的行為，而且他還認定我該買黑槍，是自我解釋。

如今他及黃文雄非常幸運沒有成仁，他把他為什麼被抓去關在籠仔內，在他的《刺蔣》一書都歸罪在我的作證，他的理論是如果我沒作證，法庭就無法判他有罪，所以意圖殺人者無罪，而我就應該要避開兩星期左右，當紐約州的警察拿傳票要調我時，我就因不在家而成為犯罪的通緝犯。其實，他被判有罪是424當天，他還跟黃文雄湊在一起交頭接耳被法利斯

抓到證據。法利斯向陪審團證明，鄭自才沒有放棄和黃文雄共同謀殺蔣經國的企圖，甚至連賴文雄也認為黃文雄的槍是隨便去買來的，怎知道第二天，FBI已得知槍的來源，連鄭自才去哪裡買子彈都曉得了，證據充分，逃不掉，但是他們很好心，沒有供出我。因為他們替我扛下了，所以我沒被關，我算是好運，沒受到牢獄之苦。

鄭自才沒有策略或策略不好，沒辦法去說服陪審團當中的任何一個陪審員，若有一位陪審員接受他的「已放棄謀殺」，他就過關，也不會被判有罪。他利用三年完成的書，尤其對我於 2015 年 2 月出版的《我所知的四二四事件內情》做全面圍攻。1970 年他和黃文雄合謀拿槍刺蔣未遂，沒殺死蔣經國；現在他和張文隆執筆，評論大部分人的不是，尤其是攻擊我，有刺陳的意圖，也就是想置我於死地也。

他的書大概從第 76 到 311 頁是寫有關刺蔣的事件，攏總有 236 頁，其中講到我的部分有：

（1）〈15. 檢察官起訴〉到〈17. 誰出賣同志？〉，從 102 到 129 頁，共 27 頁；

（2）第二部的評論「鄭自才對紐約刺蔣相關文章總評論」裡，評論一有 7 頁、評論二有 10 頁及評論三有 37 頁，共 54 頁。

《刺蔣》至少有 35% 是歪曲事實，我好像「柴頭人」，給他打罵得體無完膚、哀爸叫母嘛無彩工。

現在我「廉頗老矣，寶刀未老」，不禁拿出當年

大學時代的我

陳家四兄弟，左起：陳榮良、陳榮仁、我、陳榮品，蝴蝶結領帶是我內人自縫的聖誕節禮物

大學時代以及和兄弟們的合照看一看，也在此做留念。對於刺蔣的始末，我可能比鄭自才還清楚。在他的書中第296頁，鄭自才大言不慚說刺殺蔣經國是他自己醞釀起來的，咁有影？鄭自才聲稱「424刺蔣事件」是他個人設計的講法是一大騙局，他說「424刺蔣事件」完全和聯盟無關，是否受到他自己權力慾的驅使？我已高齡超過八十，我在這裡做歷史的見證，「424刺蔣事件」完全是聯盟推動的。首先蔡同榮要我去做，但我覺得時機未成熟，表示不贊成，至於聯盟要求我繳槍，我是服從組織，把槍繳回，對於該做或不該做，我沒表示我的看法，所以這事件跟聯盟是大大有關係的，鄭自才的說法是他的天方夜譚，完全和歷史背道而馳。

張英哲醫師給《刺蔣》寫跋一，他在該書第339頁提到：「鄭自才當時雖然是臺灣獨立建國聯盟的盟員，並且擔任世界臺獨聯盟的執行祕書。然而他在本

回憶錄裡一再強調，刺殺蔣經國的行動與臺獨聯盟全然無關。那麼，刺殺蔣經國的歷史意義是什麼？」辜寬敏也說：「我當時是聯盟在東京本部的主席，這個事件發生以前，美國的主席蔡同榮來東京，他有提起過這個事情，和我商量過，我也贊成。」對刺蔣這事件，正確的講法，原則上是鄭自才和蔡同榮共同決定，是組織推動的，當然和聯盟是有關係的。他一口咬定是他家治設計、行動，一點也沒有臺獨聯盟的參與，如此說法攏總是比較過分，和歷史事實背道而馳，甚至有篡改或捏造歷史的嫌疑，充分暴露他個人的「權力慾」。

當時臺獨聯盟剛成立不久，臺獨聯盟的主持人是站在保護聯盟的立場，他們很怕聯盟被人說是暴力團體，所以要跟鄭自才這個所謂「個人的事件」盡量撇清關係。已故黃昭堂也說，當時臺獨聯盟說那是盟員個人的行為，確實是為了保護聯盟的存在，因為對臺獨聯盟來說，這個世界性的組織成立才剛三、四個月而已，實在不願見它毀於一旦。他當時在日本也參與討論如何處理這件事，美國方面決定將這件事視為盟員個人行為處理，這一點他也支持。雖然反抗暴政是很應該的，但是在美國，如果採取武力行為，美國社會不能容忍這樣的組織存在，所以才把鄭自才及黃文雄兩人犧牲掉，這實在是很抱歉，但是為了整個大局，我覺得是有需要，到現在我還是覺得這件事處理得不錯，這和鄭自才自稱完全是他的策劃剛好一拍即

合。其實，一般的盟員在事後也出了很多力來支援，當然包括全世界各地的臺灣留學生，他們贊助跟支持的聲音非常大，這也表示黃文雄他們所做的事情，是受到全體留學生肯定的。

央廣新聞「誰背叛臺獨運動？刺蔣主角指控掀波瀾」報導 2018 年 1 月 13 日鄭自才的新書發表會，鄭自才在報導中接受曾國華訪問，令人刺目的不是他的書中描述當年刺蔣的目的及過程，反是他說到新書發表會的人熱烈響應他的「同志背叛說」。他說陳榮成及蔡同榮背叛他，曾國華也拿出我於 2015 年 4 月在洛杉磯發表《我所知的四二四事件內情》時的影片，影片裡我很激昂的說他要逃走要找理由，所以說陳某某害他，鄭自才有今天的命運，是我要負最大的責任。可見他的書的重點是在刺陳，但借我卡將（母親）常說的話：「你那無法度擔輸贏，不應該去做。」

經過很多採訪者如鄭弘儀的嚴正指責，鄭弘儀說陳榮成是好人，他不會害你。現在鄭自才被問到逃走的原因時，他的回答是監牢不安全。總算吐出他

《我所知的四二四事件內情》發表會（2015年4月25日攝於洛杉磯）

要逃走的眞相，讓讀者有：「司馬昭之心，路人皆知也!!!」也可說是：「鄭自才之心，全臺灣市街路人皆知也!!!」

在我寫《我所知的四二四事件內情》時，也隱隱約約領會他說這是他們一家的行動，我不知道他將刺蔣案變成他私人所有，在《刺蔣》巨作赤裸裸顯現他的好大喜功，我能見證這行動有聯盟的參與。已故蔡同榮也在刊物上，正式承認聯盟領導層級有參與其事。至於細節方面，鄭自才、黃文雄及黃晴美的貢獻誰最大？以及鄭自才認爲這完全是他的功勞等等，應留待未來給歷史學家做功過論斷。

10. 大陪審團的證詞

　　拙作《我所知的四二四事件內情》於 2015 年 2
月出版，我寫那本書時，應放在我的大陪審團證詞後
的英文原版備忘錄因早已遺失，所以祇在書裡簡單講
當時被調去大陪審團審問的經過，沒仔細說明，感謝
鄭自才在《刺蔣》將我的備忘錄列為附件一，讓我能
將全稿詳細翻譯。在我的證詞內，讀者可看到我說鄭
自才要槍的目的可能是要保護彭明敏教授，我不曾提
過鄭自才有謀殺的企圖，至於他有謀殺的企圖是他自
己在法庭上自供的。他特別用我的備忘錄大做文章，
譬如我被迫簽名，他就因此一口咬定我是自願作證，
在《刺蔣》第 237 頁，「陳榮成在自願作證的文件上
簽名，就是自願的證人。」我曾想拒絕作證，但請教
我的律師後，還是決定照律師的建議去作證。又在
《刺蔣》第 235 頁，「從備忘錄中，陳榮成為了保
護自己，把同志徹徹底底犧牲了！請問，陳榮成為什
麼沒被控訴罪狀？因為他當污點證人，以換取免訴
權。」實際上，紐約市有很多越過州界的槍，所以政
府也沒辦法取締。我一點也沒跟法利斯談條件，說我
和法利斯勾結做出對鄭自才不利的證詞，是他自己的

臆想，畢竟在《刺蔣》裡他無法指出我的證詞有任何一點是對他不利的，其實鄭自才是想當自己的污點證人，所以他才會在法庭作證。

刺蔣案發生後，透過陳隆志的老師羅斯委爾 ❶ 介紹，聯盟聘請芝加哥有名的律師庫納路易斯（Louis Kutner）當法律顧問。本來麥根理（Mr. Mckenna）要做我在紐約州的律師，由於我和他的顧客（黃文雄及鄭自才）利益有衝突，他找到 Nachman 先生當我在紐約州的律師。

麥根理打電話給我所居住的小城鄉紳富利曼（Sam Freeman）律師。我和富利曼律師商量後，他認為我應該去作證，因為透過地方法庭，紐約州政府一定能將我引渡到紐約州。大陪審團是檢察官的工具。五月十五日我在大陪審團前作證，這些證詞是祕密性的，是法利斯的資料。我作證後，庫納路易斯律師恐怕我有疏忽，會對鄭自才的案件不利，特別要我飛到芝加哥，在他的辦公室重複我在大陪審團的證詞，他囑咐祕書將我的證詞全部打出來。他特別指點我在法庭上如何對答，所以以後我再被調去審問時，我的回答都是模稜兩可，譬如買槍的錢是否是聯盟支付？我的答案是我用自己的信用卡支付，讓法利斯抓不著此案件和聯盟的關係。

庫納路易斯律師是自由派，他認為鄭、黃的案件

---

❶ Harold Dwight Lasswell, 1902 - 1978，耶魯大學著名政治學教授，我在大學教書時曾用他的著作當課本。

是「政治事件」，主張用政治的方法解決。但法利斯反對，法官認同法利斯，所以鄭、黃的案件是用刑法處理。聯盟支付給庫納路易斯律師的費用算昂貴，爲了支付他費用，很快就把聯盟初期募到的 10 萬美金用光，但他對我的指導，使我在法庭對法利斯的嚴厲詢問能應付自如，所以從法利斯的立場，我是「敵對的證人」。因我算幫倒忙，譬如法利斯詢問我槍枝是否是聯盟的任何人要我採購，我堅持是自己要買的，法利斯一直想要證明是鄭自才要我購槍，但在「我的證詞」內我否認鄭自才要我購槍。至於槍的錢是誰支付，我回答是我用信用卡支付，所以法利斯沒辦法把刺蔣案和聯盟連在一起。

由於經費困難，聯盟祇想請一位律師，但法院基於被告和證人的利益衝突考量，要每個人都有自己的律師，最後聯盟聘請三位律師。蔡同榮要去作證前曾要求豁免權，被法利斯拒絕，因此蔡同榮拒絕回答問題。因爲法利斯在蔣介石的駐美大使周書楷施加的壓力下，一心一意要抓住蔡同榮的把柄，控告他也參與此案件，想將聯盟涉及該刑事，讓美國政府認定聯盟是暴力團體，以達到解散聯盟的目的。當我於 2009 年 7 月 23 日拜訪法利斯時，他說懷疑蔡同榮有參與，但苦於證據不足、無能爲力，故蔡同榮要求豁免權時被其拒絕。當時法利斯想從我口中探得蔡同榮知道我有槍這件事，因此我作證後特別警告蔡同榮說他有被捕的危險。鄭自才家治嘸知大陪審團在法利斯

指示下想把蔡同榮也捲進來，他認爲這不是 FBI 的案子，他說蔡同榮，「其實是自己嚇自己。」（《刺蔣》第 258 頁）他才是阿她碼空固力（腦子有問題），不知道大陪審團的葫蘆中賣什麼藥 !!! 附上我的大陪審團備忘錄翻譯和原件影本。

附件二

陳榮成在大陪審團的證詞 Memo

　　1970 年 5 月 13 日（星期三）差不多下午一點半左右，文學院院長喬治斯讀客（Dean George Stokes）到我教國際組織的第 205 室，他要我和他一起到他的辦公室會見從紐約市來的兩位客人。在校警陪伴下他們向我自我介紹，其中一位是警探詹姆斯（James Ziede），後來我才曉得，他的轄區雖沒管到廣場飯店（Plaza Hotel），但蔣經國於 1970 年 4 月短期訪問紐約市時，他被暫時派為蔣經國的私人警衛。另一位是警探卡爾布尼（Carbone），廣場飯店是他負責的轄區，但事件發生時他沒上班。他們要求我當政府的物證證人，到紐約市在大陪審團面前作證，他們將會支付一切相關費用。

　　我心事重重，擔心課程「政府 450」（Government 450）的期末考和星期五的二節課。關於這些，他們表示祇要我能夠於星期五早上到紐約，他們能讓我有一天半的時間（星期三下午及星期四）做我的事，雖然技術上他們不必如此。他們再表示他們將訂飛機票並且替我查時間表。最後，他們寫下我的電話及地址，並且答應在晚上七點左右打電話給我。

　　等待二小時是一場空。他們失言沒打電話給我。當我在辦公室做完事要回家時，卻看到面熟的警探從停在我前面草地路邊租來的車子上下來。他們要

我明天早上八點左右去地方法院。爲了確定這到紐約的邀請是否是自願性質，我問他們是否有傳票（subpoena）。Ziede 首次並強調他們有傳票，但要明天在地方法院解決傳票問題。

次晨（1970 年 5 月 14 日，星期四），我在地方法院出現。有段時間我們在一樓。然後，一張紙上寫著「我自願同意陪同警探詹姆斯到紐約作物證的證人」被交給我簽名。幾分鐘後，我隨著 Ziede、Carbone 及一位警察去見法官威廉斯（Judge Williams），他向我說明傳票的問題、費用的基礎及可避免拘捕等等。最後，法官提醒我，我嚴格說來是受這兩位警探的監護。九點半我離開地方法院到學校給上課程「政府 450」的學生期末考。我們說好坐夜班飛機從 Shreveport 飛到紐約，Ziede 和 Carbone 將於七點在我家和我碰面。

我們大約在晚上八點二十分駕車到 Shreveport 的飛機場。但是，我們飛往紐約的飛機要到十點半才起飛。晚上的飛機通常要停很多地方，像密西西比州的 Jackson、阿拉巴馬州的 Birmingham、喬治亞州的 Atlanta，使整個旅途疲累又無法入睡。我想睡一覺，但無效。我們大約清晨五點到紐約肯奈迪飛機場（New York Kennedy Airport）。我們三人坐計程車從飛機場到 Carbone 的警察局，我們喝了一杯咖啡打發時間。然後，我被帶到離 Carbone 的警察局很近的旅館去洗澡及剃鬍。我們談話一陣直到差不多早晨七點。吃完早餐後，我被帶到 Ziede 的警察局，再被帶到紐

約州的地方法院，從那之後我就被留在史蒂芬法利斯的辦公室。法利斯是副檢察官，他擁有哥倫比亞大學社會學學士與哈佛大學法學學士學位。

大約八點半法利斯到他的辦公室，試圖和Mckenna連絡，他終於在早晨十一點左右到達。主要由於我和他的顧客（黃文雄及鄭自才）利益有衝突，他建議另外找一位律師給我。然後，Nachman先生大約在中午十二點來到，這時距離在大陪審團尋根究底的證言不到一小時。我因為幾乎沒睡，非常疲倦。談論幾分鐘後，Nachman代替我，在我面前向法利斯請求豁免我，也就是免於起訴我，否則我可能拒絕在大陪審團前作證。對於這要求，法利斯解釋，因為他計劃用陰謀罪起訴罪犯，而在紐約的最高法院最近決定拒絕給牽涉這罪名的人豁免權。由於Nachman的堅持，法利斯打電話給書記，讓他替我們查這被拒絕給予豁免權的案名及日期。知道將判為陰謀罪，我也因此沒辦法獲得豁免權，可能被起訴，我沒有選擇，祇能在下午一點鐘進行作證。

作證時間從下午一點開始並繼續到下午五點半。受這折磨我的身體及心理都極其疲憊。

在我飛回家的機上，我發現《紐約時報》（1970年5月19日，星期二）上寫著判的是企圖謀殺罪而不是陰謀罪。我深深覺得被法利斯出賣，若告訴我是判企圖謀殺罪而不是陰謀罪，我可能會拒絕在大陪審團前作證。

事件發生的簡略次序：

1.1970 年 5 月 13 日星期三的下午，警探 Ziede 和 Carbone 到路易安那州 Natchitoches。

2.1970 年 5 月 14 日星期四早晨，Ziede、Carbone 和陳榮成去地方法院。

3.1970 年 5 月 14 日星期四晚上十點半，Ziede、Carbone 和陳榮成飛往紐約市。

4.1970 年 5 月 15 日星期五早上四點半到達紐約肯奈迪飛機場。

5.在紐約地方法院停留到下午六點半。

以下是我記得的在大陪審團作證時的問與答：

法利斯：你叫什麼名字？

陳榮成：我叫陳榮成。

法利斯：你的職業是什麼？

陳榮成：我是路易斯安那州的大學教授。

法利斯：你在路易斯安那州多久？

陳榮成：大約兩年。

法利斯：你是否是臺灣獨立建國聯盟（WUFI）的會員？

陳榮成：是。

法利斯：它的目的是在推翻蔣介石的政府？

陳榮成：不是。它提倡建立臺灣民主共和國。它

提倡轉換現有的政體及權力。

法利斯：你在臺灣獨立建國聯盟有職位嗎？

陳榮成：海外聯絡。

法利斯：它的功能是什麼？

陳榮成：和在日本或歐洲的組織聯絡。送刊物給其他的組織。

法利斯：你是否於 1970 年 2 月 28 日在 Shreve-port 購買一枝 0.25 口徑的 Boretta 手槍？

陳榮成：是。

法利斯：你為什麼要買手槍？

陳榮成：在路易斯安那州，家裡有槍或手槍非常普遍，幾乎每家都有武器。

法利斯：你購買手槍的目的是什麼？

陳榮成：我的同事們都有槍，我需要一枝槍做練習用。

法利斯：你知道如何使用嗎？

陳榮成：是。我曾在中華民國當過兵。

法利斯：為什麼你不在你住的城鎮購買這手槍？

陳榮成：我剛好到 Shreveport 買東西。

法利斯：你駕駛 70 英里的路去買東西？

陳榮成：住在 Natchitoches 的人偶爾出城買東西是很普通的。

法利斯：有任何人和你去嗎？

陳榮成：不，我不記得。

法利斯：你曾用你的槍練習嗎？

陳榮成：是。有幾次。

法利斯：你認識鄭自才，是嗎？

陳榮成：是。

法利斯：你第一次碰到他是在何時？

陳榮成：我不記得了。我想我們是在 4、5 年前的一次集會上碰面。因我們對臺灣現在的政治情勢持相同的立場。

法利斯：1970 年 4 月 6 日鄭自才打電話給你（在 Plaza Hotel 的事件發生一星期或兩星期前），他說了什麼？

陳榮成：我不記得了。

法利斯：1970 年 4 月 8 日鄭自才有發電報給你。他在電報內說了什麼？

陳榮成：他要我打電話給他。我猜想他是要和我聯絡，但沒辦法。我也在猜想他為什麼發電報給我。

法利斯：他曾經要你買一枝槍嗎？

陳榮成：不。我可不這麼認為。

法利斯：你仍持有那枝槍嗎？

陳榮成：不。我將它借給自才。

法利斯：你如何借給他？他向你要求的嗎？

陳榮成：我帶它到紐約並且給他。

法利斯：是什麼時候？

陳榮成：我不正確記得。可能是三月或二月。

法利斯：他要求你帶它到紐約嗎？

陳榮成：我不記得了。但我猜想是如此。

法利斯：他打電話給你嗎？

陳榮成：是。

法利斯：他説什麼？

陳榮成：我想他是要我來紐約見臺獨聯盟的主席蔡先生討論到巴西的可能性。同時，若可能，自才要我攜帶我的槍。

法利斯：你知道中華民國的副行政院長蔣經國要來美國嗎？

陳榮成：是。

法利斯：如何得知這個消息？

陳榮成：中華民國很早就公告。

法利斯：你有參加華府 4 月 20 日示威遊行嗎？

陳榮成：沒有。

法利斯：你有參加由臺灣獨立建國聯盟發起的聯合國示威活動嗎？

陳榮成：沒有。

法利斯：你知道蔣經國要來紐約嗎？

陳榮成：不。我不知道。

法利斯：你在什麼地方給自才槍枝？

陳榮成：我在他的家給他槍。

法利斯：除了你和自才，有任何人在場嗎？

陳榮成：沒有。

法利斯：他的妻子在家嗎？

陳榮成：是。

法利斯：她知道嗎？

陳榮成：不。我並不那麼想。

　　法利斯：你給他槍枝時，你説了什麼？

　　陳榮成：我指導他如何使用槍枝，並且建議他小心使用。我進一步建議他要練槍的前晚必須睡得好。

　　法利斯：你給他幾顆子彈？

　　陳榮成：我想少於50顆子彈。

　　法利斯：你用紙包槍枝或是沒包它。

　　陳榮成：它是放在一個盒子裡面。

　　法利斯：他有説借槍的任何理由嗎？

　　陳榮成：沒有。但我想他是要練槍，可能某一天保護彭明敏教授會用到，彭教授被蔣介石在家軟禁，他逃到瑞典受政治庇護，他有計劃要到美國。

　　法利斯：自才有提到他的生命受威脅，意圖用那枝槍保護他自己不受攻擊嗎？

　　陳榮成：我不記得他有提到他的生命受威脅。

　　法利斯：你何時知道你的槍被用在廣場飯店（Plaza Hotel）？

　　陳榮成：當我看到當日的電視新聞報導及讀了《紐約時報》。我想我的槍可能被用。

　　法利斯：是如此，那你做了什麼？

　　陳榮成：我打電話給臺獨聯盟的蔡主席。

　　法利斯：他説了什麼？

　　陳榮成：他要我冷靜，不要激動。

　　法利斯：他知道你有槍嗎？

　　陳榮成：不。我不認爲如此。

　　法利斯：當你被要求來紐約，除了自才外，你還

看到誰？

陳榮成：蔡先生及我的弟弟。

法利斯：你停留在哪裡？

陳榮成：我在自才家過夜，次日住我的弟弟那裡。

法利斯：你有看到黃文雄嗎？

陳榮成：喔，是。

法利斯：你有和他說什麼？

陳榮成：我祇打了個招呼。

法利斯：你認識一位剛來臺灣的叫賴文雄的人？

陳榮成：不。我不認識。

法利斯：你認識邱博士嗎？

陳榮成：是。

法利斯：你知道他於 4 月 14 日或大約什麼日子正在紐約嗎？

陳榮成：不。我不知道。

法利斯：你知道羅福全嗎？

陳榮成：是。

法利斯：你知道他於 4 月 14 日或大約什麼日子正在紐約嗎？

陳榮成：不。我不知道。

　　然後，法利斯讓我看臺獨聯盟會員的英文名單（很顯然是從中華民國大使館得來的）並問我，在這當中我認識誰。我被問得筋疲力盡，當我讀那名單時，他們的英文名字，我極困難認出。

　　後來他又給我看臺獨聯盟多次示威遊行的照片，並問我是否認識一些人。事實上，我不認識任何人。

　　法利斯：除了借給自才的那枝槍，你還有其他的槍嗎？

　　陳榮成：是。

　　法利斯：它在何處？

　　陳榮成：我同時借給自才。

　　法利斯：是什麼牌子？

　　陳榮成：我猜想是 Boretta 口徑點 22。

　　法利斯：你在何處買它？

　　陳榮成：在我居住的 Natchitoches。

　　法利斯：你在哪間店購買的？

　　陳榮成：Gibson 折扣商店。

　　法利斯：你何時購買它？在二月或三月？

　　陳榮成：我不能正確記得是何時。

　　法利斯：你是先買哪一枝槍？

　　陳榮成：我想是我在 Shreveport 買的那枝槍。但我不確定。

　　法利斯：你於 1970 年 2 月 28 日在 Shreveport 買一枝槍，1970 年 3 月 2 日在 Natchitoches 買另一枝槍。因此，你是先買哪一枝槍？

　　陳榮成：我猜想我第一枝是在 Shreveport 購買的，雖然我不太確定。

　　法利斯：你自己付錢的嗎？

陳榮成：是。但我假設臺獨聯盟需償還這支出。

法利斯：這部分是你的工作（我把這句話當做購買槍的意思）嗎？

陳榮成：不。我不認爲如此。

法利斯：有任何人知道你用組織基金購買手槍？

陳榮成：不。沒人。

法利斯：你的太太知道你有手槍嗎？

陳榮成：不。她不知道。

法利斯：對你來説，它們的成本是多少？

陳榮成：我猜想大約每枝 \$60 或 \$70。

法利斯：臺獨聯盟送多少錢給你？

陳榮成：我猜想是 \$300 或 \$500。

法利斯：他們是在你買槍前或買槍後給你錢？

陳榮成：我認爲是在我買槍後。

法利斯：誰送錢給你？

陳榮成：我不記得了。我猜是蔡先生。

法利斯：他知道你將買一枝槍嗎？

陳榮成：不。我不認爲如此。

法利斯：所以，槍枝們是屬於臺獨聯盟的嗎？

陳榮成：理由充足的。我假設如此。

法利斯：當你在 Gibson 折扣店買槍時，有人陪伴你嗎？

陳榮成：是。我的同事，Milner 先生。

法利斯：這些槍有登記嗎？

陳榮成：是。當我買這些槍時，我有在政府的所

有需要文件上簽名。

　　法利斯：你認爲你可以買到你需要的槍枝數量？

　　陳榮成：是。祇要是合法的購買。

　　法利斯：你知道在紐約轉換任何武器需登記？

　　陳榮成：不。

　　法利斯：自才知道在紐約轉換任何武器需登記？

　　陳榮成：不。我不認爲如此。

　　法利斯：有人談過暴力的使用嗎？

　　陳榮成：我想它是一個熱門話題。

　　法利斯：在什麼地方？

　　然後我裝腔作勢了一下，不能正確指出任何事實來回答要旨。回顧往事，我完全弄錯他的提問。我是想到校園暴力和學術討論的使用暴力。有很多書探討這題目，譬如：H. L. Neiburg's *Political Violence*、George Sorel's *Reflections on Violence*、Chamler Johnson's *Revolutionary Change*。我猜想，他的提問在當時讓我立刻聯想到這些書。

　　法利斯：蔣經國在臺灣是最有權力的人嗎？

　　陳榮成：我想是如此。他控制祕密警察及軍隊。

Memo

By Rong C. Chen[*].

On the afternoon of May 13th, 1970 (Wednesday), approximately 1:50 p.m. Dean George Stokes came by the door of Classroom 205 where I held a class meeting of International Organization. He asked me to go with him in meeting two visitors from New York City at his office. Accompanied by a college police, they respectively introduced themselves to me. One is Detective James Ziede who, later on I learned, had temporarily been assigned for Chiang Chingkuo's personal security in his brief visit in New York City in April, 1970, though his police station had no jurisdiction over Plaza Hotel. The other is Detective Carbone whose police station is responsible for Plaza Hotel area's security, but at the time of incident he was off-duty. They asked me to be governmental material witness and to make a trip, with all expenses paid, to New York City to testify in front of grand jury.

My concern was preoccupied with a final test for students in Government 450 and Friday's two class meetings. To these, they indicated that, as long as I could be in New York on Friday morning, they could allow me a day and half (Wednesday afternoon and Thursday) to take care of my business though technically they might not have to. They further indicated that they would proceed to reserve airlines ticket and check time schedule for me. Finally, they jotted down my phone and address, and promised to phone me around 7:00 at night.

Two hour waiting was futile. They broke their promise of calling me. So, as I got my work done in my office and left for home, the familiar detectives got off from their rented car parking along the road in my front yard. They asked me to show up in the county court house tomorrow morning around 8:00 a.m. To make sure whether or not this invitation to New York is of voluntary nature, I asked them if any subpoena was involved in. Ziede, emphatically and first time, stated that they did have subpoena with them, but would settle this issue tomorrow in the county court house.

On the following morning (May 14, 1970, Thursday), I appeared at the court house. For a while we all stayed on the first floor. Then, a paper, stating that "I voluntarily agree to accompany

Detective James Ziede as a material witness to New York", was
handed to me for a signature. A few minutes later, accompanied
by Ziede, Carbone, and a police, we went to see Judge Williams
who, explained the question of subpoena, the footing of expenses,
and immunity of arrest, etc., to me. Finally, the Judge reminded
me of the fact that I was technically under these two Detectives'
custody. I began to wonder why signed the paper meanwhile technically
being under custody. By 9:30 a.m. I had left the court house
for school where I gave students of Government 450 the final test.
The time was set for leaving for Shreveport where we would
take night flight to New York. Both Ziede and Carbone would meet
me at my house at 7:00.

We arrived at Shreveport Airport by driving around 8:20 p.m.
Yet, not until 10:30 did we take off for New York. The night flight
as usual had to stop over several places such as Jackson, Miss.,
Birmingham, Ala., and Atlanta, Geogia, making entire trip tiresome
and sleepless. I tried in vain to take a sleep. We got to New
York Kennedy Airport around 5:00 a.m. Three of us took a taxi
from airport to Carbone's police station where we killed the time
by taking a cup of coffee. Then, I was taken to a hotel near
Carbone's police station for having a shower and shave. We chatted
for a while until almost 7:00 a.m. Having had a breakfast and
dropped by Ziede's police station, I was taken to New York City
Court House. From then on, I stayed at Stephen J. Fallis' office.
Fallis is Assistant D.A. He had his B.A. in Sociology from
Columbia University, and had his law degree from Harvard University.

Fallis came to his office around 8:30 , and tried to get
in touch with Mr. McKenna who finally came in around 11:00 a.m.
Primarily due to conflict of interest between his clients (Peter
Huang and Tze-tsai Cheng) and me, he suggested that he would
get a lawyer for me. Then, around 12:00 at noon, Mr. Nachman
came by. It was ### then less than one hour before grand jury's
inquisitory testimony. I was very tire due to lack of sleep.
After a few minutes of discussion, Mr. Nachman on my behalf
talked, at my presence, to Fallis. Nachman requested waiving
immunity from prosecution so that I might refuse to testify before
grand jury. To this request, Fallis explained that, since the
charge he planned to make is a conspiracy which, in a latest
decision made by the Superior Court of New York, denies ############
a person to waive immunity. Upon Nachman's insistence, Fallis
called a clerk to find the name and date of this case for us.
So, knowing that the charge would be a conspiracy in which I
was not able to ask for forfeiting immunity from possible prosecution,
I had no choice but to proceed to testify at 1:00 p.m. The
testimony began at 1:00 p.m. and lasted til 5:30 p.m. I was
physically as well as mentally exhausted when I had gone through
this ordeal.

p.3.

On the way flight home, I found in the New York Time
(May 19, 1970, Tuesday) that both Peter Huang and Tze-tsai Cheng
were indicted not on charge of conspiracy but on charge of attempted
murder. I deeply felt betrayed by Fallis. Had I been informed
of the charge which would be attempted murder rather than
conspiracy, I would have refused to testify before grand jury.

A Brief Sequence of Events

1. On the afternoon of May 13th, 1970 ,Wednesday, Detectives
   Ziede and Carbone came to Natchitoches, La.

2. On the morning of May 14th, 1970, Thursday, Ziede, Carbone
   and Rong C. Chen went to County Court House.

3. At 10:30 p.m. May 14th, 1970. Thursday , Ziede, Carbone and
   Rong C. Chen flew to New York City.

4. Arrived in New York City Kennedy Airport at 4:30 a.m.
   May 15th, 1970, Friday.

5. Remained in N.Y. Court House til 6:30 p.m.

The following are questions and answers in the grand jury
testimony I remember:

Fallis (Assistant D.A.): What is your name ?

Rong: My name is Rong C. Chen

Fallis: And your occupation ?

Rong: I am a college professor in Louisiana

Fallis: How long have you been in Louisiana ?

Rong: About two years.

Fallis: Are you a member of WUFI ?

Rong: Yes.

Fallis: #### Isn't its purpose to overthrow the Chiang Kai-shek
government ?

Rong: No. It advocates establishment of democratic Republic of
Formosa. It advocates transformation of the present regime.
Trnasformation fo power.

Fallis: Do you hold any position in the WUFI ?

Rong: Overseas liason.

Fallis: What is that function?

Rong: Well. It is to communicate with other organizations in
Japan or in Europe. It sends publications to other organizations

Fallis: Did you buy a Boretta pistol 0.25 in Shreveport on
the 28th of Februrary, 1970.

Rong: Yes.

Fallis: Why did you buy a pistol?

Rong:Well, it is very common down in Louisiana to keep a gun, or
a pistol at home. Each house in louisiana 都 almost has
a weapon.

Fallis: What is your purpose to buy a pistol ?

Rong: My colleagues have guns, and I wanted to have one to
     practise.

Fallis: Do you know how to use it ?

Rong: Yes. I have served in the Nationalist Chinese ROTC.

Fallis: Why didn't you buy this pistol at your hometown ?

Rong: I went shopping in Shreveport.

Fallis: You drove 70 miles shopping ?

Rong: It's very common for people living in Natchitoches,
     once in a while to go shopping out of town.

Fallis: Did anyone accompany you ?

Rong: No. I don't recall.

Fallis: Did you ever practise with your pistol ?

Rong: Yes. A couple of times.

Fallis: You know Tze-tsai Cheng, don't you ?

Rong: Yes.

Fallis: When did you meet him first time ?

Rong: I don't recall. I guess we met each other in a meeting
     four or five years ago. I think we hold similiar view
     concerning current political situation in Formosa.

Fallis: Tze-tsai Cheng called you on ___6th ?___ April, 1970
     (a week or two weeks before Plaza Hotel incident), what
     did he say ?

Rong: I don't recall.

Fallis: Tze-tsai Chen sent a telegram to you on ___8?___ April,
1970. What did he say in that telegram ?

Rong: He wanted me to call him. I guess he had been tried in
vain to get V touch with me. I guess that is why he wired me.
                  in

Fallis: Did he ever ask you to buy a pistol ?

Rong: No. I don't think so.

Fallis: Do you still keep that pistol ?

Rong: No. I loaned it to Tze-tsai.

Fallis: How did you loan it ## to him ? Did he ask you ?

Rong: I took it to New York and gave it to him.

Fallis: When was that ?

Rong: I don't exactly recall. Either in March or Februrary.

Fallis: Did he ask you to bring it to New York ?

Rong: I don't recall. But I guess so.

Fallis: Did he call you ?

Rong: Yes.

Fallis: What did he say ?

Rong: I think he asked me to come up to New York to see Mr.
Chai, the President of WUFI to discuss a possibility
to go to Brazil. Meanwhile, Tze-tsai asked me to bring
my pistol with me if possible.

p.7.

Fallis: Did you know Chiang Ching-kuo, the Vice-Premier of the
       Nationalist China was coming to the United States ?

Rong: Yes.

Fallis: From what source ?

Rong: It was well publicized ahead of time by Nationalist China.

Fallis: Did you participate in the Washington D.C. demonstration
       on 20 _the_ of April ?

Rong: No.

Fallis: Did you participate in the U.N. demonstration sponsored by
       the WUFI ?

Rong: No.

Fallis: Did you know Chiang Ching-kuo was coming to New York ?

Rong: No. I did not know.

Fallis: Where did you give the pistol to Tze-tsai ?

Rong: I gave it to him at his home.

Fallis: Was anyone there besides you and Tze-tsai ?

Rong: No.

Fallis: Was his wife at home ?

Rong: Yes.

Fallis: Did she know ?

Rong: No. I don't think so.

Fallis: What did you say at the time you gave him that pistol ?

Rong: I showed him how to use it, and advised him to use it carefully. I further suggested that whenever he practises he must have slep well the day before his practice.

Fallis: How many shells did you gave to him ?

Rong: I guess it was less than 50 shells.

Fallis: Did you fold the pistol with a piece of paper or nothing at all ?

Rong: It was 幾 put in a box.

Fallis: Did he say any reasons for loaning the gun ?

Rong: No. But I asumed that he was going to practise it and might use it one of these days to protect Professor Ming-min Peng who recently escaped from Chiang Kai-shek's house arrest to Sweden on political asylum, and who planned to come to the U.S.

Fallis: Did Tze-tsai ever mention that his life was threatened by anybody and intended to use that pistol to protect himself from attack ?

Rong: I don't recall his mentioning of threat on his life.

Fallis: When did you know that your pistol was used in the Plaza Hotel ?

Rong: When I watched that day's television news reports and read New York Time. I thought my pistol might have been used.

p. 9.

Fallis: So, what did you do ?

Rong: I called Mr. Chai, the President of the WUFI.

Fallis: What did he say ?

Rong: He wanted me to be calm and not to be excited.

Fallis: Did he know you had a pistol ?

Rong: N. I don't think so.

Fallis: Did he ever ask you to buy a pistol ?

Rong: No. I don't think so.

Fallis: When you were asked to come to New York, whom did you
        see, besides Tze-tsai ?

Rong: Mr. Chai and my Brother.

Fallis: Where did you stay ?

Rong: I stayed overnight at Tze-tsai's place, and next day I
        stayed with my Brother.

Fallis: Did you see Peter Huang ?

Rong: Oh, yes.

Fallis: What did you say ?

Rong: We just said helleo.

Fallis: Do you know a person whose name is Frank Lai who just
        lately came to the U.S. from Taiwan ?

Rong: No. I don't know.

Fallis: Do you know Dr. Chiu ?

Rong: Yes.

Fallis: Do you know he was in New York on or agound 14, April ?

p.10.

Rong: No. I don't know.

Fallis: Do you know Fu-chen Lo ?

Rong: Yes.

Fallis: Was he here in New York on or around 14, 1970 ?

Rong: No. I don't know.

Then, Fallis showed me a list of officials of the WUFI in English
translation (apparently got it from Nationalist Chinese Embassy)
and asked me whom I actually know of. I was exhausted by the
questioning. When I read the list, it was extremely difficult for
me to recognize their Anglo-saxonized names.
    Later, he also showed me several pictures taken in various
demonstrations held by the WUFI, and asked me if I knew some of
them. Actually, I did not know anyone of them.

Fallis: Do you have any pistol besides the one loaned to Tze-tsai ?

Rong: Yes.

Fallis: Where is it ?

Rong: I loaned it to Tze-tsai at the same time.

Fallis: What brand is it ?

Rong: Boretta 0.22 I guess.

Fallis: Where did you buy it ?

Rong: Natchitoches where I live.

Fallis: At what store did you buy ?

Rong: Gibson Discount Store.

Fallis: When did you buy it ? In Februrary or in March ?

Rong: I could not exactly recall when it was.

Fallis: Which one did you buy first ?

p.11.

Rong: Well. I guess the one I bought in Shreveport. But I am not
   sure.

Fallis: You bought a pistol in Shreveport on _____ the 28th of Februrary,1970.
   and the other in Natchitoches on the 28th of 非 Feb. the 2nd Mirch.
   So, which one you bought first ?

Rong: I guess the first one I bought in Shreveport, though I am
   not sure.

Fallis: Did you pay them by yourself ?

Rong: Yes. But I assume the WUFI had to reimburse the expenses.

Fallis: Is this part of your function (I took it to mean the
   purchase of gun)?

Rong: No. I don't think so.

Fallis: Does anyone know that you bought pistols with organizational
   fund ?

Rong: No. Nobody.

Fallis: Does your wife know you have pistols?

Rong: No. She does not know.

Fallis: How much did they cost you ?

Rong: I guess around $60 or $70 each.

Fallis: How much did they (the WUFI) send you ?

Rong: I guess $300 or $500.

Fallis: They gave you inadvance or after you had bought the pistols ?

Rong: I think it was after I had bought.

Fallis: Who sent you money ?

Rong: I don't recall. I guess Mr. Chai.

Fallis: Did he know that you were going to buy a pistol?

Rong: No. I don't think so.

Fallis: So, the pistols belong to the WUFI ?

Rong: Well. I assume so.

Fallis: When you bought a pistol at the Gibson Discount Store,
did anyone accompany you ?

Rong: Yes. My Colleague, Mr. Milner.

Fallis: Did you register these pistol ?

Rong: Yes. When I bought them I signed all the papers required
by government.

Fallis: Do you think you can as many ## a gun as you like ?

Rong: Yes. As long as they are legally purchased.

Fallis: Do you know any transformation of weapon within New
York State requiring registration ?

Rong: No.

Fallis: Does Tze-tsai know registration requitement within New
York State ?

Rong: No. I don't think so.

Fallis: Have anyone talked about the use of violence ?

Rong: I think it has been a hot subject.

Fallis: Where?

p. 13.

Then, I posed for a while and could not pinpoint any fact to substantiate the statement. In retrospect, I think I was completely confused with his question. And I was thinking in terms of campus violence, and academic discussions on the use of violence. There are many books dealing with this subject such as H.L. Neiburg's #### Political Violence, George Sorel's Reflections on Violence, AND Chamler Johnson's Revolutionary Change. I guess his # questioning prompted me to these books at that time.

Fallis: ## Is Chiang Ching-kuo the most powerful person in

Formosa?

Rong: I think so. He controls over secret police and the military.

11. 鄭自才的權力慾

　　有人問鄭自才，當時他看到黃文雄被警察壓倒在地上，為什麼要跑過去？若他沒跑過去，他就嘸代誌。在《共和國》雜誌，他說他也這麼想。最近他被電視臺訪問，他的答案是：「這是我策劃的，我一定不能祇站在那邊看。若是我沒跑過去，警察還是會找到我的頭上，因為槍是我供給的。」又在《刺蔣》第250頁，他說他對黃文雄是有絕對的道義責任，衝上前去，完全是下意識的反應。為了這個下意識，他沒考慮到被捕的可能性，若他沒當場被捕，法利斯很難在當天找出他的企圖，臺灣人也不必花美金九萬元的冤枉保釋金。縱使警察後來找到他的頭上，若黃文雄說手槍是他偷走的鄭自才也可脫身，但黃文雄在派出所被問時，卻很誠實說手槍是鄭自才給他的。鄭自才作證時的開場白說要對陪審團成員說出真相，這是大笑話，他可以適應當場的需要隨時改變他的說法，他所有的法院證詞也是如此，所以法利斯能抓住他的把柄，以子之矛，攻子之盾去證明他的不誠實。

　　鄭自才在《刺蔣》第254頁提到，蔡同榮急著想做臺獨聯盟主席、FAPA主席、立法委員及民視董事

長，不過是求名而已。其實鄭自才的權力慾、他家治想求名，比蔡同榮有過之而無不及。

424 事件發生後，臺灣來美的各色人馬都響應他們的義舉，設立黃鄭救援基金會，公推張燦鍙當負責人，葉國勢夫婦也扮演重要角色，他們甚至將自己的房屋拿出來抵押向保釋公司借出保釋金，讓鄭自才及黃文雄能保釋出獄。因為鄭自才認為是用他的名義去募捐，該基金會應由他掌管，他有權決定錢用在何處，其他人不得干涉，掌管基金會的會員不贊成他，他的權力慾得不到滿足，轉變成要競選臺獨聯盟主席。1970 年 5 月 26 日他被保釋後，和我相約打公共電話聯絡，6 月初，他打電話給我，要求我幫助他競選聯盟主席。我告訴他，他可能被判有罪，不能在牢獄中執行主席的職務，等他出獄後，我一定支持他。從此他不再跟我通電話，甚至在七月初的第三次盟員大會控訴我，口口聲聲說我的證詞對他很不利，是他逃亡的原因。他的假話說久了，別人也相信他的說法，直到他的《刺蔣》巨作被電視訪問時，他終於將監獄不安全（由於擔心黃種人相對於美國人的嬌小體型，在獄中恐將面臨霸凌或性侵，這是陳銘城在《央廣》節目「開放歷史：黑銘單拼圖」的說法）這個兩人決定棄保潛逃的真實理由透露出來，但我已被罵得體無完膚。近五十年了，不知他寫他的巨作時，是否會自我反省他家治的胡說八道？

鄭自才雖然初期成功逃到瑞典，但因為仍公開參

與活動而被盯上，行蹤曝光後，由於蔣介石法西斯政權的唆使，才使美國政府向瑞典政府提出引渡他的要求。所以說這個引渡要求背後是有政治陰謀的。這個政治陰謀就是遲早要將他捉回臺灣，不管用什麼手段。他並不是美國公民，美國可以隨時取消他的居留權，他的居留權若被取消，他就一定要回去臺灣。一旦他落在蔣介石法西斯政權手裡，毫無疑問的他會被判處死刑。

瑞典警察找上門，把他送進監獄，鄭自才就在瑞典打了一場引渡之戰。他開始研究他們的引渡條約。該條約規定，如果引渡者所犯的案件是政治案件，就不可以引渡；其次，如果引渡的案件間接涉及到政治方面，也不可以引渡。他的案子當然是政治性的，他並非為錢而進行刺殺行動。所以他就根據這兩個條文，力爭不能將他引渡回美國。從地方法院到最高法院，他們一直問他：「你做這件事情時，你的組織有無同意？」他都回答：「沒有，跟組織無關。」他們便認為：「這不是組織性的活動，而是個人的行為，所以不是政治案件。」因此決定將他引渡。事件本身是政治性的，有組織參與就被認定是政治性的，沒有組織參與就變成非政治性的，這不是很矛盾嗎？當時他曾想過，如果承認他的組織同意他的行為，就可以讓這個案子變成政治性的，但他終究沒有說出口，因為受到他的權力慾驅使。當官司打到最高法院時，最高法院有三位大法官，由他們投票，結果是兩票對一

票，一位法官說不能引渡，兩位法官說可以引渡，所以就決定被引渡了。不過在強烈的輿論指責下，瑞典總理不得不出面公開承諾兩點：「第一，要求美國政府不得將鄭自才送回給在臺灣的國民黨；第二，鄭自才服完徒刑之後，歡迎鄭自才回瑞典定居。」

鄭自才曾經在瑞典、英國、美國等三個國家坐牢。由於鄭自才不是主要行刺者，所以被判的刑期不長，鄭自才出獄後搬到加拿大溫哥華居住，當時他已與黃晴美離婚，育有一兒一女，他後來與當護士的吳清桂結婚。他一心一意想偷渡回臺灣，1991 年 1 月初被拒絕入境，6 月再回臺讓他偷渡成功，但因為是用別人的護照闖關，被控違反國安法，所以於 1992 年在臺灣又被判刑一年，期間他的妻子吳清桂參選國大代表。

1993 年，好友張俊雄當立法委員，得到我是黑名單最後被解除的人的消息，立刻通知我。我回臺後，和小學老師陳清度（因白色恐怖被捕，在火燒島關十五年）相約在臺大附近新生南路三段 76 巷 6 號 1 樓開業不久的臺灣 e 店相會，有一次我在該書店和鄭自才巧遇，我們祇打招呼而已，沒說半句話。當時現任總統府祕書長陳菊在該書店對面開壽司店。

鄭自才求名心切，他在服刑中，也表態要參加 1993 年臺南縣長選舉。因刺蔣案的名氣很大，當時黨內新潮流系支持鄭自才，初選結果出爐，鄭自才雖然人在監獄卻獲得第一名，第二名陳唐山，第三名謝

三升。除了鄭自才，陳唐山與謝三升都十分不悅，鄭自才本來應該要獲得提名，但是縣長選舉登記截止日，鄭自才還有 3 天才能出獄，就此翻轉初選結果，由第二名的陳唐山「遞補」上來。陳唐山遞補鄭自才獲民進黨提名參選 1993 年臺南縣長順利當選，從政之路平步青雲，後續歷任外交部長、國安會祕書長、總統府祕書長，使陳唐山成就了一番政壇事業。鄭自才煮熟的鴨子飛了，他的縣長夢碎。

　　據了解，由於鄭自才是舊臺南市人，並非土生土長的臺南縣民，所以地方支持陳唐山，若鄭自才參選臺南縣長也可能落選。

　　他參選臺南縣長未果，1995 年捲土重來，試圖爭取列席民進黨不分區立委名單未果，最重要的是新潮流改挺陳唐山，也不受謝長廷福利國連線支持，只剩張俊宏新世紀國會派系願意贊聲，但鄭自才最後仍沒被列入名單內。

　　當年提名立委用了「不具專家學者資格」這個條件將鄭自才排斥在外，讓他至今不服，「當時我已憑建築專長設計『臺北二二八紀念碑』，怎會不算專家？」但觀察整體環境，鄭自才看開了，「我屬海歸派，本土派有自己人馬要培養，彼此利益衝突，從此越離越遠。」那是他最後一次參加民進黨的活動。1999 年初建國黨主席改選時，鄭自才也當主席候選人，可以看出他對於政治職位的追求及權力慾。民進黨、建國黨人士都尊稱他前輩，他卻這樣看：「那些

人看到你就前輩前輩地稱呼，意思就是你讓到一邊，這是我的位子。」2000 年黃文雄被聘爲國策顧問，他也想擠入總統府當國策顧問，要求大家簽名支持他，結果沒被阿扁採用。他沒想到家治多年後會淹沒在兩黨派系搏鬥中，從政路黯然消逝。

他在多年後返臺試圖從政未果，看清政治路沒有他的容身處，在政治的舞臺上算是江郎才盡，祇好嘆命運捉弄人，將心力移往老本行「建築設計」，成立「立信建築景觀公司」，也當起藝術家。

12. 好佳在，
不是聯邦處理這案件

　　1970 年的刺蔣案可由美國聯邦政府司法部處理，因為它涉及謀殺政府機關邀請的重要人物——當時蔣經國是行政院副院長，所以此犯罪行為就如同謀殺聯邦的要人。此案件也可由紐約州的檢察官調查及決定是否要起訴，算是雙重管轄權的案件。

　　後來聯邦政府放棄，由州政府處理此案。若由聯邦政府處理，它將由美國聯邦地方法院助理檢察官（Assistant U.S. Attorneys）真正執行起訴被告，由聯邦機構做調查，這案件將由 FBI 處理。一般來說，聯邦審判的罪名會比州政府更重，並且會被關在聯邦的牢獄。聯邦政府調查局有很大的資源，它對此案的調查會更詳細，會做更廣更深的調查，不僅是賴文雄，連黃晴美的槍枝投入河內之事是否真實也會徹底調查一番，最後聯盟及蔡同榮被一網打盡的可能性頗高。

　　鄭自才在《刺蔣》第 127 頁談到：「蔡同榮是維護著自己的利益。他只擔心會被 FBI 探員調查，會影響到教學的職業。這是祇考量自己本身的利益，就是私心與本位主義。所以他就迫不及待聘請遠在芝加哥的『江湖』律師 Louis Kutner，名義是保護組織，

其實是爲自保。組織是無形的，如何保護呢！說白一點，就是保護聯盟的三巨頭：蔡同榮、張燦鍙及陳隆志，使他們的教職不受影響。」

我和葉李麗貞（2001年6月2日攝於休士頓）

這是鄭自才家治非常沒有常識及偏激的說法。憑良心講，當時聯盟爲了讓他及黃文雄能快速保釋出獄，每個盟員可說是日以繼夜爲募款想盡辦法，這件事已故葉國勢的太太葉李麗貞可見證，鄭自才怎麼可以說就是要保護聯盟三巨頭。他的良心何在？

法利斯（2009年7月23日攝於法利斯在紐約市的事務所）

1970 年 5 月 13 日蔡同榮被調去大陪審團作證時，他要求豁免權，法院不授予，結果他

我和法利斯（2009年7月23日攝於法利斯在紐約市的事務所）

拒絕回答問題。當我和內人於 2009 年 7 月 23 日去拜訪法利斯時，他說他懷疑當年蔡同榮有參與，但苦於證據不足、無能為力。故當時蔡同榮主動要求豁免權時，被他拒絕。

當我在大陪審團作證時，陪審團員一直詢問蔡同榮的事情，似乎想將他和 424 事件關聯起來。還好我的證詞讓大陪審團無從把蔡同榮和 424 事件扯上關係。作證完後，我和蔡同榮相約於紐約皇后區的海邊見面（因為怕被跟蹤和錄音），我當面要他注意，大陪審團很想將他列為共犯，他頓時大悟法院為什麼不授予他豁免權。

蔡同榮趕快授意黃師銘燒毀有關他和我談及巴西之行、購買手槍等文件，當然也毀掉了和鄭自才談論到刺蔣的所有文件。

鄭自才又在《刺蔣》第 127 頁談到：「蔡同榮是自己嚇自己，以企圖謀殺罪名被起訴的是黃文雄與鄭自才，聯盟並沒有被起訴。FBI 根本沒去查臺獨聯盟，因為這不是 FBI 的案子而是地方法院的案子。」鄭自才認為 FBI 不查臺獨聯盟，他沒想到法利斯也虎視眈眈想抓蔡同榮。法利斯一心一意要抓住蔡同榮的把柄，控告他也參與此案，將聯盟涉及該刑事，讓美國政府認定聯盟是暴力團體，以達到解散聯盟的目的。

我於 1970 年 5 月 15 日星期五被押至紐約，在大陪審團前作證。這些證詞是祕密性的，是檢察官的資料。任何人都不能說出來，甚至陪審團團員透露一點

消息也會被處罰。

我作證後，庫納路易斯律師恐怕我有疏忽，會對鄭自才的案件不利，特別要我飛到芝加哥，在他的辦公室重複我在大陪審團的證詞，他囑咐祕書將我的證詞全部打出來。

庫納路易斯律師是自由派，他認爲鄭、黃的案件是「政治事件」，主張用政治的方法解決。但法利斯反對，法官認同法利斯，所以鄭、黃的案件是用刑法處理。聯盟支付給庫納路易斯律師的費用算昂貴，爲了支付他費用，很快就把聯盟初期募到的 10 萬美金用光，但他對我的指導，使我在法庭對法利斯的嚴厲詢問能應付自如，所以從法利斯的立場，我是「敵對的證人」。因我算幫倒忙，譬如法利斯詢問我槍枝是否是聯盟的任何人要我採購，我堅持是自己要買的，法利斯一直想要證明是鄭自才要我購槍，但在「我的證詞」內我否認鄭自才要我購槍。至於槍的錢是誰支付，我回答是我用信用卡支付，所以法利斯沒辦法把刺蔣案和聯盟連在一起。

聯盟內部對於鄭、黃的行動有兩種不同的意見，有人認爲這個行動完全是個人的行爲，不可因此牽連聯盟，聯盟應撇清。另一種如鄭自才、賴文雄、王秋森等人則認爲這是對外宣傳的好機會，即使聯盟被解散也在所不惜。他們的主張和蔣介石要置聯盟於死地，似有異曲同工之作用。這些人先後脫離聯盟，一度和日本的史明保持連絡，他們成立左派色彩的「臺

灣新民會」以及其他組織，但都是曇花一現。鄭、賴
兩人常聯合在一起，對聯盟做種種攻擊。

13. 被出賣 e 臺灣 （臺語）

陳榮成詞
王明哲曲

臺北街頭槍聲起　　阮力爭冊是正實
美國柯喬治寫冊　　啊……啊……
國民黨殺人多多　　被出賣 e 臺灣人
伊講嘸遮款代誌

柯喬治對阮感謝　　愛記前輩 e 犧牲
互阮中文 e 版權　　啊……啊……
恁讀遮本冊之後　　被殺害 e 臺灣人
除了傷心流目屎

國民黨瞞爸騙母　　建立臺灣獨立國
臺灣囝仔愛覺醒　　啊……啊……
絕對不通給中國　　被欺騙 e 臺灣人
呷咱臺灣吞落去

❶ 謹將此歌曲獻給已故蔡同榮同志、黃昭堂同志、周烒明同志。

說一聲感謝

鄭兒玉牧師和鄭牧師娘李春鈴是好撒馬利亞人，
若沒有他們的慷慨解囊，我們家四兄弟是無法到
美國留學的；我曾和黃彰輝牧師為FAPA到美國各
地做遊說將近三星期，黃牧師是好夥伴，更是我
所崇拜的人；兒子奧利佛負擔我們夫婦近年來著
作的印刷費，也因此才讓真相有機會大白於世。

附　録

1. 推動母語運動的先驅
——鄭兒玉牧師

　　鄭兒玉牧師（1922年6月27日～2014年12月11日）出生於日治時期的高雄州東港街（現屏東縣東港鎮），排行次男。父親鄭德經營製米廠，頗好詩詞韻律，母親洪棕。中學就讀臺南長老教會中學（長榮中學），原本對數理感興趣，後轉學至日本同志社中學，在那裡信耶穌。就讀同志社大學文學部時，對基督教歷史和西洋近代史產生濃厚情感，獻身研讀神學。他曾說在同志社大學的歲月，奧古斯丁的《懺悔錄》、本仁約翰的《天路歷程》等是最基本不過的閱讀書目，而當時他讀過的有價值的書是《受壓迫者教育學》和《猶太人的教育》，這兩本書有人文基礎知識、能培養思考的能力、重視討論，讓他的生活充實又有樂趣。

　　1946年9月他大學畢業時僅24歲，1947年元月學成回臺，當時素未謀面的阮朝日先生聽說有留日學人，特地至基隆碼頭接他。他歡歡喜喜回東港，不料重病的父親感染天花去世，母親也被傳染，連他也沒逃過一劫，還好他在日本時有接受種痘而沒有大礙，使他日後常勸告大家要有預防保健的觀念，而只需在家靜養的他，也因禍得福逃過228的劫難。

1948 年 2 月，26 歲的鄭牧師在親友介紹下和東港望族千金李春鈴結婚，生涯中受她幫助最多，他們共育有二男：臨汝（福信）和嘉信。李春鈴牧師娘是日治時期臺南州立第二高等女學校畢業，當時祇有日本人才能讀第一高等女學校。

1949 年鄭牧師 27 歲，被派至嘉義縣布袋沿海開拓傳道，高俊明牧師曾說，鄭兒玉牧師是留日的神學家，卻不追求大型教會願意前往嘉義中會布袋教會牧會，他的精神值得今日牧者效法。布袋教會是朴仔腳教會的分會，我的母親因此和牧師娘很要好，我們兄弟也受到鄭牧師及牧師娘諸多幫助，牧師娘 2005 年 9 月 16 日安息主懷，她住屏東內埔中林迦南療養院期間，我一回臺灣就會去拜訪她。

鄭牧師在布袋教會最得意的信徒是張錦文，他就讀臺大商學系，和我在臺大同期畢業。在 1960 年代他是布袋鎮唯一的臺大生，後來獲得美國密西根大學醫務管理博士學位，1966 年 7 月歸國後任馬偕醫院副院長，1970 年從盲人重建院以 1000 元／坪購得馬偕護專關渡現址，創設馬偕護專並兼任第一任校長，是臺灣醫管界的開創者。當他與人陷入做人弱點的嚴肅爭執時，常找牧師娘懺悔，經牧師娘開解而得到面對現實的勇氣。

我大哥要出國是用保證金出去，因為他的獎學金很少，母親向牧師娘訴苦，那時鄭牧師去德國念書，牧師娘很慷慨的向母親表達，她會將鄭牧師的存款簿

存金四千美金轉陳榮品的名字，那是鄭牧師當時所有的財產，讓大哥順利於 1958 年出國，大哥是麻省理工學院畢業，他出國後，將保證金寄回臺灣。1962 年我出國到奧克拉荷馬大學，我是念文科，這個學校很難申請，所以我沒申請到獎學金。我能去美國也是鄭牧師及牧師娘的資助，榮品之後寄回來的存簿金再轉到我的名下。鄭牧師夫婦是好撒馬利亞人（Good Samaritan），若沒有他們慷慨的拿出這筆存簿金，我是無法去美國的，因為當時父親負債累累，是朴仔腳有名的欠債鬼，他的所有財產是一間車庫及品學兼優的孩子們。現在回憶起來，若沒有這對好撒馬利亞人的贊助，我也不會拿到柯喬治給我的《被出賣的臺灣》的漢文版權並將它翻譯成書，使它在臺灣歷史上有些微貢獻。他們逝世後，我對他們無限懷念，因此決定將此書獻給鄭兒玉牧師，以答謝永遠也還不完的恩情。

1960 年代末，國民黨政權開始壓迫臺灣基督長老教會退出「容共」的普世教會聯盟（World Council of Churches, WCC），被教會拒絕。1969 年 12 月，47 歲的鄭牧師發表臺語詩作〈咱要出頭天〉。他不懂音樂，初期都用熟悉的詩歌旋律來作詩，第一首即是"We Shall Overcome"，譯作〈咱要出頭天〉，以此暗喻要抵抗國民黨的威權統治，卻讓「出頭天」意外成為反抗、民主及獨立運動海內外之口頭語，也成為本土化神學思考之關鍵語（Keyword）。

　　1971 年 ROC 在聯合國被 PROC 取代，尼克森總統訪問北京前，長老教會由鄭牧師起底稿發表了〈國是聲明〉，主張臺灣人民對臺灣前途有自決權。1974 年鄭牧師赴德國漢堡大學神學院作研究，偶然有機會至美國紐約的洪正幸家作客，當晚彼此談論到海外流浪者的悲慘命運，心情抑鬱。當時洪正幸夫人林千千正播放義大利作曲家威爾第〈流浪者大合唱〉，據鄭牧師轉述，聽完歌曲當下心底湧出義憤之情，頓時靈感湧現，之後創作出以〈流浪者大合唱〉配樂的〈流浪海外臺灣人的心聲〉。

　　當時臺灣正值白色恐怖時期，〈流浪海外臺灣人的心聲〉的作曲者、配樂者只好化名為「黃芎蕉」及「洪蕃薯」。據悉，創作完歌曲的當下，鄭牧師興奮至極，整晚無法安眠，因優美又悲壯的旋律一直盤旋在他耳中。1975 年 7 月 4 日在美國紐約大學的美東臺灣人夏令會，〈流浪海外臺灣人的心聲〉首度演出，如所料，引起很大震撼，男女老幼皆嚎啕大哭，眼眶盈滿淚水，喉嚨也哽咽至無法出聲，可見當時海外臺灣人的心境是由多少辛酸與淚水堆積而成。

　　1977 年美國宣布 One China Policy，當時臺灣島內人心惶惶，很多人甚至帶一根牙刷就逃亡美國，但鄭牧師不僅堅守崗位，更參與臺灣基督長老教會〈人權宣言〉的草擬，「促請政府採取有效措施，使臺灣成為一個新而獨立的國家。」在臺灣基督長老教會及旅美臺人的努力下，美國國會制定通過了「臺灣

關係法」。

1979 年中美建交，臺灣人心慌亂。為因應時局的變化，臺南神學院設立附屬「基督教社會研究所」，鄭牧師擔任所長，鄭牧師也於長老教會信仰與教制委員會主委任內（1978～1985）研擬〈臺灣基督教長老教會信仰告白〉。

年底發生高雄美麗島事件，林義雄律師被捕入獄，教會有關人士多位也受牽連。1980 年 2 月 28 日林義雄宅血案發生，4 月高俊明牧師被捕。血案發生彼日大概暗頭七點左右，鄭牧師於電話中聽見高俊明牧師一邊哮一邊講慘案的經過。彼時他對自己講，「由未信之家庭受揀選來信耶穌的我，此時若無拚去安慰義雄嫂，為林家祈禱，我不通做牧師啦！我做牧師豈不是為著此時刻嗎？」他馬上從臺南坐火車趕到臺北仁愛醫院探訪傷者，也為林家、為臺灣祈禱。後來回想當夜，他自問：「若不是聖神的氣力，當時我豈會無驚？」

血案後林夫人及女兒因醫療費生活面臨困境，打算將凶宅出租或賣掉，但一時間卻租不出去也賣不出去。此事在每週一次的「受難家屬禱告會」中被提出代禱。有一天，李春鈴牧師娘靈機一動，提議由教會出面將凶宅購下，讓流無辜人血之處，成為宣揚主耶穌基督拯救世人的福音之所。於是鄭牧師奔走教會各界籌募款項，買下凶宅後成為日後的義光教會，這流血冤屈之地因鄭牧師而變成和平、喜悅、盼望之地。

再隔年陳文成事件發生，鄭牧師等教會人士也冒著生命危險關懷遺族眷屬。

1980年前後鄭牧師出任《臺灣教會公報》社論主筆和理事長，《臺灣教會公報》擴大成了「臺灣教會與臺灣社會」的公報，扮演著「時代的米該亞」（在極權政治下，雖受特務人員恐嚇，先知米該亞根據信仰良心，以上帝的公義警醒社會，宣揚耶穌拯救的福音）。1983年公報社遷建新大樓於現址。

及至戒嚴令解除（1987年），李登輝就任總統（1988年），第一屆國代退職（1948～1991年），象徵極權時代結束，各族群民主人權運動越來越明顯，鄭牧師開始思考：「臺灣若出頭天，要建立何種國家？其國家理想何在？國民黨政權崩潰後建立的新國家，假使和『中華民國』差不多，寧可不必再打拚。」思考久久的作詩方向從新興的民主運動得到啓示，詩作開始順利進行。

1993年4月，71歲的鄭牧師將詩稿委託在洛杉磯的蕭泰然教授作曲，蕭教授併入〈一九四七序曲〉（*Overture 1947*），1994年初夏〈臺灣翠青〉對外發表，後由於教會方面多數人要求將〈臺灣翠青〉作為禮拜時的聖詩，鄭牧師於1997年完成第二節詩詞。

1994～2002年，鄭牧師於臺南神學院開設的「臺語文化教室」擔任主任，全力推動臺灣母語文化建設，督促母語教育正式進入教育體制，開始培養臺灣母語白話字師資，開課十年間，經嚴格考試及格

者大約四百名，現今相當多人正在參與母語運動。在他的呼籲下，2000 年長老教會設立臺灣族群母語推行委員會。2001 年臺灣羅馬字協會成立，他完成交棒。2002 年他正式二度退休，開始學電腦，並將過去的詩作集結，出版了《押韻詩篇》與《臺灣翠青》。他持續充實人文思維，維持每天閱讀、思考與人討論的模式不中斷。

2004 年鄭牧師在臺灣羅馬字國際研討會中發表〈最有臺灣意識的長老教會出著歹子孫？〉，2007～2012 年，長老教會總會常置委員會委託他擔任「臺灣二戰後威權時代教會與社會史料整理工作小組」主持人，他持續關懷時勢，積極參與臺灣母語的各種運動。

2008 年鄭牧師 86 歲時，國史館出版的《臺語文運動訪談暨史料彙編》第二單元的意見領袖裡，他位列第一。2009 年，87 歲的他獲教育部頒贈「推展本土語言貢獻獎」。2012 年，在臺南神學院校友會為他舉辦的「榮譽教授鄭兒玉牧師 90 歲生日感恩神學教育演講會」上，他以「回歸立學原點」為題演講。2013 年他 91 歲時，成大黃玲玲的碩士論文《Tīn Jyi-giokk Boksu ê Bûn-hòa Su-sióng》（鄭兒玉牧師的文化思想），由臺灣教會公報社出版。是從語言、文字、國家及宗教等面向，呈現他對臺灣語言、羅馬字的主張以及對建立新而獨立的臺灣之想像。

鄭牧師 93 歲時仍思路清晰、計劃將來。2014 年

12 月 11 日下午 4 點 55 分，他漸漸無食慾，在臺南寓所安息主懷。他大部分的時間都給了臺灣教會、社會與文化，鄭牧師之子鄭福信長老指出：「父親曾說：『若無信仰，做這些都是追求自己的榮華富貴；若有信仰，這一切都是爲了能榮耀上帝。』」

因爲對人民土地的愛和獻身，鄭牧師從事宣教、教育、民主運動、社會關懷和研究的成就，以及各方面傑出的表現，讓他在 1982 年就被日本列入《世界基督教名人辭典》裡（東京出版），1987 年更被列入美國傳記研究所編輯的《世界 5 千名傑出人物》（*Five Thousand Personalities of the World*）中，除了在國內亦常常受邀到日本、美國、德國、瑞士等教會、大學辦講座或專題演講。

鄭牧師常說：「人生是意義，不是享受。」其內涵是：無條件服務別人，甚至連被釘上十字架亦甘願接受。這是恩典，是在逆理中所得的眞理（Grace given in the paradoxical truth）。他的一生正如《聖經》所言：「那美好的仗，我已經打過了；該跑的路程，我已經跑盡了；當守的信仰，我已經持守了。」《臺語文運動訪談暨史料彙編》中關於他的部分寫著：「我一生的願望亦可說是我的遺言，就是：希望有一天，臺灣人能以自己不同的族群母語思考創出獨一無二的（unique）、受上帝祝福之世界性臺灣國文化。」

2. 欽定臺灣話的先覺
——黃彰輝牧師

　　黃彰輝（「Ng Chiong-hui」，歸化英國時登記日語發音「Shoki Coe」，1914 年 8 月 20 日～1988 年 10 月 28 日），臺灣基督長老教會牧師，曾任臺南神學院院長以及總部位於倫敦的世界神學教育基金會總幹事。1972 年與黃武東牧師等人於美國發起「臺灣人民自決運動」。

　　黃彰輝 1914 年 8 月出生於日本統治下的彰化，父親黃俟命及祖父黃誌誠（舊乳名黃能傑）都是牧師，隨著父親黃俟命的工作在鹽水港和臺南成長。因出生地而取名「彰輝」，可看出父親為他命此名，是要他彰顯彰化人的光輝之意。1922 年 4 月，進入臺南師範學校附屬公學校 ❶ 就讀小學。1927 年他於臺南東門教會受洗，該年 4 月，公學校未畢業即進入「長老教會中學」（長榮中學）就讀，由於殖民地政策之故，他無法報考高等學校，於是在 1930 年到日本青山學

---

❶ 1898 年在日本臺灣總督府發布的「臺灣公學校令」和「臺灣公學校規則」下設立，1904 年更名為「臺南第一公學校」，1921 年被臺灣總督府臺南師範學校指定為該校「代用附屬公學校」。1928 年 4 月更名「臺灣總督府臺南師範學校附屬公學校」，簡稱附小國校，與臺南師範學校的附屬關係正式確立。我大舅子吳秀三生於 1939 年，他說要進該校相當不容易，他是靠祖父吳森玉是該校校醫才能進入該校。

院中等學部就讀。在日本見證了基督徒不畏日本軍國主義的壓迫，譴責日本入侵滿洲，培養了身為基督徒的自由主義。1931 年考入臺北高等學校，報考文哲科。1934 年進入日本東京帝國大學哲學系就讀，並確立了往神學發展。1937 年畢業，在返臺的船上卻因與弟弟黃明輝用臺灣話交談而使弟弟受日籍教官處罰，雖然事件在他道歉下平息，但也加深他對自己擁有臺灣人意識卻受辱的不甘願，感覺「在自己國度內也做次等國民」。1938 年 8 月，他獲得滿雄才牧師（Rev. W. E. Montgomery，曾任臺南神學院院長）推薦，獲得宣教會 400 英鎊補助赴英留學，在劍橋大學的西敏斯特學院研讀神學三年，期間曾住在蘭大衛醫生家中。

1944 年 8 月 12 日，黃彰輝與 Sussex 省 Seaford 市出身的 Winifred Sounder（蘇慰爾）結婚，主婚人是蘭大衛醫生夫婦，伴郎是他的同班同學 George Hood（胡德），伴娘是蘭醫生的女兒 Jean Landsborough。當時臺灣處於第二次世界大戰中，因此他在臺的親族沒有一個人知道此事，直到 1946 年戰爭結束後，他的父親與家族才知道他已結婚。1947 年 8 月，他們夫婦二人帶著在英國出生的兒子 David 回臺。他和 Winifred 育有三男一女，除了大兒子 David，其餘二男一女均在臺灣出生。

1947 年返臺後黃彰輝非常忙碌，有 7 年沒與妻子小孩住在一起，無法親自分享臺灣家系歷史，以至於 Winifred 母子對臺灣認識不足。1959 年 Winifred

獨自帶四個兒女回英國，這一去就沒再回臺灣了，此後 Winifred 幾乎是獨自栽培兒女成人，長子 David 獲得科學博士學位，其餘二男一女都是有爲的醫師。David 曾就讀臺南勝利國小，會講臺灣話，不過在他的記憶裡，從父親那裡得來的臺灣印象，只有臺南神學院的外觀與宣教師會的點滴而已，臺灣的歷史與文化都沒有收藏在他腦子裡。

　　因爲具有臺灣人意識，黃彰輝招來國民黨當局的攻擊及抹黑。由於 Winifred 仍保有英國國籍，在戶口登記時竟登記他爲「未婚」，並要求其歸化才能登記，此後每年他申請中華民國護照時，國民黨當局都在結婚的記事欄蓋「未婚」，他每次向政府抗議都無效，直到 1959 年蘇慰爾返英。甚至到了 1966 年的總會通常會議裡，還有反共護教的牧師譴責他「與一個女士同居，生了四個私生子」。

　　1948 年黃彰輝出任臺南神學院院長，成爲首任臺灣人院長，他是相當有遠見的教育工作者，他認爲臺灣需要一所基督教大學，因此和黃武東牧師等人努力爭取到「基督教大學聯合基金會」董事的同意，由臺灣基督長老教會向該基金會申請在臺灣設置基督教大學，東海大學由是誕生。他擔任臺南神學院院長後，邀請安慕理牧師（Boris Anderson, 1918～2013）當副院長。安牧師曾跟盧俊義牧師說，他們住的宿舍是後來的「教會歷史館」。好幾次情治人員要緝拿黃牧師，黃牧師會從天花板爬到他宿舍的天花板上，情治

人員沒想到黃牧師會躲在天花板上。安牧師說，情治人員根本不理會他們是外籍宣教師，情治人員的行徑和中國共產黨沒有兩樣。

1957 年臺灣基督長老教會總會選出黃彰輝為議長，黃武東為總幹事。自 1950 年代末起，以蔣介石為首的國民黨政權就開始以懷疑眼光，視臺灣基督長老教會為「臺灣人意識和情感」的重鎮，而在那敏感的時刻，長老教會所歸屬的普世教協卻主張應讓中國加入聯合國，它確信只有當帶有強烈不可確定性的中國加入國際組織時，國際社會才有加以規範這個霸權國家的可能，因此，長老教會遭受國民黨政權前所未有的壓力，要求它在 1970 年退出普世教協。

1965 年黃彰輝辭去臺南神學院院長之職後，離開臺灣到英格蘭，在總部位於倫敦的世界神學教育基金會擔任總幹事。1971 年他擔任普世基督教協會神學教育基金會主任，同時也是臺灣任職普世教會機構的第一人。

1972 年 3 月 19 日，黃彰輝和黃武東牧師、宋泉盛牧師、林宗義博士等人以共同發起人名義，邀請歐美各地代表 21 名，於美國發起臺灣人民自決運動（Formosan Christians for Self-Determination），喚起臺灣人的自覺意識，並聲援長老教會在臺灣發表的三個信仰聲明，獲得海外臺灣人組織支持，也因此進入國民黨政府的「黑名單」。國民黨政府曾派駐美大使沈劍虹勸誘他返臺，同樣參加臺灣人民自決運動的黃武東牧

師也遇到國府派員勸誘他回臺，但兩人不為所動。

　　1982 年 1 月 10 日，臺灣獨立建國聯盟主席張燦鍙寫信給各地二十位熱心同鄉，請他們到洛杉磯開會。恰好美國國會剛通過臺灣每年二萬名移民配額的議案，大家受到這個鼓勵，士氣高昂。有些同鄉建議會中也應討論如何推展國民外交的工作，其中以葉加興最為堅持，蔡同榮與張燦鍙商量後，於 1 月 27 日寄快捷給葉加興，表示同意把推行國民外交工作之事增列在議程內。

　　會議於 1982 年 2 月 13 日舉行，當天參加的有：丁昭昇、王桂榮、周明安、林明哲、許千惠、陳伸夫、陳唐山、陳都、郭雨新、彭明敏、蔡仁泰、楊加猷、楊宗昌、羅福全和蔡同榮，共十五人。沒人要當會長，於是蔡同榮自告奮勇同意被提名為會長候選人。同時他提出兩項要求：第一、設立會員制度，這樣才能經由會員選舉會長；第二、一年後舉行會長選舉。大家接受了他的要求後，舉行無記名投票，他正式當選會長。「臺灣人公共事務會」（FAPA）終於誕生，他也開始負起這個新組織拓荒的工作，首先他任命黃彰輝牧師當顧問。

　　FAPA 幹部奔走各地邀請熱心同鄉加入組織。1982 年 4 月初，蔡同榮與彭明敏到各大都市拜訪同鄉十天，向他們說明 FAPA 的宗旨，並拜託他們支持。同年 6 月，蔡同榮買了一種能旅行廿一天的打折機票，又到廿個都市訪問，在西海岸時，陳都也一同

奔走。蔡同榮發覺與同鄉面對面談論臺灣問題，較容易獲得同鄉的了解和支持。於是次年暑假，決定擴大巡迴，蔡同榮連同彭明敏、黃彰輝及我分別到五十個都市巡迴廿一天，效果輝煌，不但吸收了不少會員，並且募了不少錢。

當時我受蔡同榮會長委託，和黃彰輝牧師一起到美國各地做遊說將近三星期，我們到了聖路易（St. Louis）、密歇根州安娜堡（Ann Arbor, Michigan）、明尼蘇達州聖保羅（St. Paul, Minnesota）、西雅圖（Seattle）、溫哥華（Vancouver）、波士頓（Boston）、舊金山（San Francisco）、洛杉磯（Los Angeles），最後在達拉斯（Dallas）分手。每到各地都由教會及同鄉會舉辦活動，如到密歇根時，是黃武東牧師的兒媳鄭慧惠主持活動，慧惠叫我二舅；如到溫哥華時，則是林宗義長老主持活動。

1987 年 7 月解嚴後，黃彰輝終於能踏足闊別 23 年的故鄉臺灣，1988 年 10 月他因癌症逝世於英國居所，享年 74 歲。以下有關他在臺灣歷史上的意義，引用自張瑞雄的著作《臺灣人的先覺——黃彰輝》❷，有助於讀者更了解這位先覺。

黃彰輝是臺灣歷史上很稀少又尊貴的國寶級人物中的一位。

黃彰輝在臺灣的歷史上，創下了數不清的記錄上

---

❷ 感謝張瑞雄牧師 2018 年 5 月 21 日 e-mail 授權我引用他的著作。

的第一。他是第一位臺灣人當神學院的院長，因為在他就任以前，臺灣只有英籍與北美籍的宣教師居長地位。他是第一位沒讀過臺灣的神學院而受設立教師，又是第一位沒受設立為臺灣長老教會傳道師而直接受封立為牧師者。其實在英國長老教會，1941 年畢業的當年，他已經得到南倫敦中會認可為「待封立的牧師」。當時若他能得到一個英格蘭長老教會的聘請，他就能被封立為牧師。從 1941 年到他回國的 1947 年，他都沒得到這樣的機會。回到臺灣以後將近兩年，終於受臺灣長老教會的封立，並就任為臺南神學院的院長。他是讀過了正規的官定大學，又留學外國的神學院後，參加臺灣牧師陣容的第一位。

他大約是第一位娶了外國人，歐洲的英籍人為師母的牧師。因為是外籍，又是駐任教育機關，黃師母根本沒嘗試過做牧會的師母的滋味。

自從他居長的同時，他是第一個招收女生做「神學班」的學生。當年進入南神的有四位，都是長榮女中的畢業生，其中一位是黃牧師的異母妹妹——黃淑惠。

因為時代的需要，黃牧師是一位參加教會政治，涉入很深的一位，並且迄今還是空前絕後的，只有他一個人被選做總會議長兩次，而且都是最有意義的年度裡。第一次是 1957 年，雖然是第四屆，其實是南北實質上合一，而改為每年一次的議會那一次。第二次是 1965 年，當臺灣基督長老教會慶祝其設教百週

年盛典，做慶祝大會的總長的那一年。教會倍加運動的結束，也將豐偉的成果獻上的，站在歷史上一個頂點的一樁大事。

做臺灣人的命運也帶來給他，恐怕是唯一有不只三個法律上的姓名名義：（1）Shoki Ko；（2）Chang-Hui Hwang；（3）Shoki Coe；（4）Chiong Hui Ng（是否在法律上使用過，不詳）。幸虧，他的漢字名始終沒變，給被壓迫一世紀以上的同鄉們認識他。

因為黃彰輝自己是受過日本及英格蘭的正規教育，在二次大戰後的臺灣，沒有規律的，或許該說是扭曲的教育體制裡，刻苦萬般而建立環球上夠水準與聲譽，卻沒有「執照」的學府。

在沒有就公職或高級檢定的可能與機會的情況下，神學院所能做的，就是提供「真正」的實力與「自信（Pride）」。黃彰輝常常都說：「南神的英語、希臘語、哲學、教義學、新約、音樂、宗教教育，都是臺灣與東南亞最好的了。」不過，他也常常強調說，神學院的目的，是在於養成傳道者，服務地域的教會、社區的人民，而建立整個臺灣基督長老教會。在他的念頭裡，就沒有「為學問而學問」的神學院。神學院的求精、求妙、求聖，是因為得要事奉教會與做基督教信息的宣揚。在他任院長的年歲裡，他考慮到預備將來的教授人員，但一點都沒考慮到讓學生進出到做亞洲或世界教會的領導者。很可能就是因

為他所接觸的普世教會世界裡，領導者都是與神學院有密切的關連。所以有學問的，受高度神學訓練的，才有機會得能升到（行政）領導地位上去。因為他沒有預料到所選擇栽培的優秀人才的流失，以及供不應求在臺灣背負神學教育，進而充實供給普世教會的領導人才。

以間髮之差，他逃脫了執行把臺灣給予日本皇民化的特務的手，到英格蘭留學，得免做為軍國主義侵略亞洲太平洋地區的爪牙。幸虧在他離開臺灣「日本管制」（1937）以前，黃彰輝已經受過了自由民主氣氛下的日本最高語言技巧與思考的訓練，具現於他的東京大學文學士學位與文憑。如此，整個日本軍國瘋狂時期，黃彰輝得從超越的視界觀察而加以評論。

從 1937 到 1939 年的兩年期間，黃彰輝在英格蘭社會完全的自由風氣裡沒有拘束地學習。從 1939 年，英德開戰到他完成學業的兩年，在神學院裡的學業與生活環境都大致可說是享受到了大戰亂中的安定。從英國參與太平洋戰爭（1941 年 12 月）到終戰（1945 年 8 月），又經一年半的戰後掙扎恢復時期為止（1947 年春天），他得到了最好的待機環境，教授日本話與華語（臺灣話），也同時學習滿清語（華語）。他已經具備有多語言的能力，又在國際性的語言學院做教學的經驗，戰後回國的那時點是最有能力、資格、經驗、尚且是年輕的國寶人物。

黃彰輝不僅有語言的能力，可以貢獻給世界溝

通，他的能力更是能教育人們擁有世界觀，對人們視野的開闊與對未來的前瞻性，具有影響與顯著的貢獻。黃彰輝對臺灣的眼光，更期許並教導人們：不僅要以臺灣的眼光看自己的文化，更該以世界的眼光來看臺灣的發展。對未來的前瞻性，黃彰輝著重的是希望人們能夠不要以一時的是非對錯，來評斷臺灣的好壞，應該用長遠的角度，讓臺灣人本身的潛力能夠發揮，來看待臺灣未來的光明與美好。他時時提醒人們：我們不只是侷限於臺灣，應該把臺灣視為世界公民的一員，讓其他人認識這塊土地的文化。臺灣的發展除了自己的進步，更要推向國際舞臺，讓世界共同見證臺灣氣魄的善與美！

　　黃彰輝在臺灣所做的最大的貢獻可以說就是「臺灣話的欽定化」。歷史上德國的馬丁路德於 16 世紀中期翻譯全部新舊約聖經成德語。那一版本的聖經在德語上佔著有古典原祖性的地位。因為那本聖經就成為收藏尚未有印刷技術的前代所使用的文雅及實用的言辭與語彙的寶庫。到 17 世紀的初期，英王詹姆士召集聖經學者，將全本聖經翻譯成標準英語版本。後世的人稱那版本為「欽定聖經譯本」。臺灣的社會裡通用的河洛語言延至 20 世紀初期都沒有人收錄言辭與語彙。直到臺南神學院的創設人巴克禮使用羅馬字及出版社，而推廣臺灣話的普及化。但是他最大的貢獻就是於 1920 年代後期完成「廈門音羅馬字聖經」翻譯，普及於全臺灣的基督長老教會信徒中間。不

過，戰後復校後的黃彰輝才是真正將臺南神學院奠定成為唯一有高水準的以臺灣話為主語授學的學府。因為南神黃院長的學院裡，平日都用臺灣話表達神學上的廣泛理論，又操練將學術思想適用於禮拜與講道的述說與在日常生活上的實用裡去。黃彰輝也設定臺灣話的羅馬字為文字學習的必修，畢業前一定要通過檢定。南神實堪稱謂臺灣河洛話如水庫一般的寶藏，它幫助形成臺灣人的氣魄而造成以後臺灣建國精神上的搖籃與根源。

臺灣腦神經精神醫學的先鋒——林宗義長老

　　林宗義長老（1920 年 9 月 19 日出生於日治時期的臺南州臺南市，2010 年 7 月 20 日在加拿大溫哥華逝世）是林茂生（228 事件爆發後的 1947 年 3 月 11 日，被國民黨特務帶走殺害的臺大文學院院長、臺灣第一位教育學博士、哲學博士和史上第一位留美博士）次子，年輕時受蘭大衛醫師夫婦的影響而立志從醫，1943 年獲東京帝國大學醫學士學位、1953 年獲東京帝國大學醫學博士學位，是臺灣第一位精神醫學博士，也是臺灣腦神經精神醫學的先鋒和奠基者，有「臺灣精神醫學之父」的美譽。他有豐富的人生經歷，從一個臺灣人接受日本教育，到接觸中華文化深受痛苦折磨，再到學習歐美文化活躍於國際精神醫學界；他的博學對人類健康和世界心理衛生有重大貢獻，而他對臺灣的精神醫學留下的影響和基礎迄今仍在。

　　當林宗義跑遍全球服務人類之時，他沒有忘記臺灣，更沒有忘記父親的犧牲和 228 事件的善後處理。退休後，他在 1989 年回到臺灣，在三年間面會許多受難者家屬，最後於 1991 年要求當時的總統李登輝接見受難者家屬，並提出政府和民間共同面對 228 事件的五項具體目標：第一、228 事件官方報告出爐；第二、紀念碑與紀念博物館的設置；第三、對倖存受難者及其家屬公開道歉並賠償；第四、將每年的 2 月 28 日定為和平紀念日；第五、設置 228 紀念基金會，重建因 228 遭破壞的臺灣文化與教育。

　　最後李登輝總統同意好好解決 228 事件的善後問題，家屬提的五項目標也逐一實現。1991 年 8 月林宗義擔任行政院 228 事件調查專案小組受難家屬代表，並當選 228 關懷聯

合會首屆理事長。1997 年 11 月擔任財團法人 228 事件紀念
基金會董事、財團法人國家衛生研究院顧問、財團法人林茂
生愛鄉文化基金會董事長。2000 年 5 月擔任總統府國策顧
問。2001 年獲第 1 屆總統文化獎菩提獎。今日臺灣社會雖
然仍有許多問題存在，但他生前對臺灣人的尊嚴和自決的堅
持，與他爲追求臺灣精神醫療在國際學術上的獨立地位始終
奮鬥不懈，贏得國際友人的敬佩和肯定。

Happy Birthday

SAVE SAT
MAY 12
NYC

OC IS 40

奧利佛生日宴會
邀請函

左▲　來賓在宴會上聽演講

左▼　佩翠霞和派拉樂比

右▲　富美致詞

右▼　糖亞致詞

▲　奧利佛讀派拉樂比給他的生日禮物

◀　戴牛仔帽的奧利佛

坐在名為「臺灣」餐桌上的所有來賓

派拉樂比彈豎琴

左▲　感謝奧利佛慷慨樂捐「美國柯喬治紀念基金會」

右▲　富美示範刮痧木具的用法

右▼　奧利佛、派拉樂比和富美示範耳朵按摩

▲　奧利佛、富美拿著Natchitoches聖誕煙火照片慶祝奧利佛的40歲生日

◄　奧利佛獨照

▲ 派拉樂比拿著奧利佛榮登2017年《沃爾頓商學院雜誌》40名40歲以下傑出校友的資料，富美拿著奧利佛嬰兒時期的照片

▶ 奧利佛致詞

素亞和糖亞

派拉樂比、佩翠霞、榮成、素亞和糖亞

佩翠霞、素亞、富美、糖亞和派拉樂比

素亞、奧利佛、富美、榮成、糖亞和佩翠霞

生日宴會在魯特斯
會館舉行

贈送來賓刻有「奧
利佛2018年5月15
日40歲」的鱷魚開
信刀為禮品

有一張餐桌名叫
「臺灣」

會場的布置

贈送來賓的另一小禮物

富美和榮成

坐在沙發椅上的富美

派拉樂比、素亞、佩翠霞、奧利佛、約翰、富美、榮成和糖亞

素亞、奧利佛、糖亞和佩翠霞

奧利佛和糖亞

派拉樂比和奧利佛

榮成、富美和奧利佛

佩翠霞和奧利佛

素亞和奧利佛

左　榮成和奧利佛

右　富美和奧利佛

《被出賣的臺灣》(全譯本)

柯喬治—著　陳榮成—譯　NT300

美國「臺灣問題專家」柯喬治，二十多年實際觀察與學術研究的結晶，以第一手詳實資料為基礎，用自由主義者的觀點與關懷，描繪1941～1960被視為戰利品的臺灣在美國與中國的拉扯下，由於自由意識與力量的闕如而導致的悲劇命運。

《我所知的四二四事件內情》

陳榮成—著　NT250

本書作者陳榮成教授，對鄭自才多年來指控他是作證證明鄭自才與黃文雄有罪的唯一證人，在此之前，他一直未曾為自己辯駁。本書的完成，是以直接當事人的角色，披露1970年4月24日的紐約刺蔣案發生前後的因果、演變及影響。

《銅屋雜集》

朴仔腳人─著　　NT300

誰是朴仔腳人？朴仔腳人＝陳吳富美，臺南府城的草地人。她於1969年成為「先生娘」，丈夫是陳榮成博士，柯喬治授權《被出賣的臺灣》漢文版譯者，他們育有三女一男，還有幾個可愛小外孫，《銅屋雜集》中有他們一家溫馨有趣的紀事。

《Self-Help Acu-Hematite Therapy》

by Fu-mei Chen & Patricia Chen   USD19.99

Self-Help Acu-Hematite therapy is an effective method to take good care of yourself with your own hands by hematite stone(s) which can be obtained free of charge from "Kerr Acu-Hematite Foundation". This book is not hard-to-follow to get yourself a head start!

《關懷雜集》

府城石舂臼人—著　NT300

自1965年的留學熱潮興起，飄洋過海至美國後，她始終不忘本，在丈夫帶領下畢生都在為母親臺灣努力。本書記錄他們的生活點滴，每則隨筆都在傳遞相信臺灣會更美好的心聲。幸福，得來不易，我們也去創造與維護自己的理想生活吧！